包丁や
火を
使わない

ひとりでできちゃった！
クッキング

竹中迪子 / 中里まっち

監修：逵直美

ジアース教育新社

はじめに

　料理といえば「火を使う、包丁を使う」ことが大前提で、長年、料理に携わってきた私にとって「火を使わない、包丁を使わない料理の本を作って欲しい」という三重大学教育学部附属特別支援学校の逵直美先生からのリクエストは、まさに青天の霹靂でした。話をうかがえば、卒業後、社会に出て一人暮らしを始める障害のある方々の中に、学校では火や刃物の扱い方を教わっていてもいざ一人で作るとなると実際には扱えない方がいらっしゃるとのこと。そんな方々が安心して楽しく料理が作れる本、自分で作った料理が美味しいと感じられる本がなくて困っているとおっしゃるのです。

　火の問題は電子レンジやホットプレートを使うことで回避できると思いましたが、ホットプレートは熱を持ち熱くて危ないことから、できるだけ電子レンジを使うようなレシピを考えました。もちろん、電子レンジでも器などが熱くなるので、くれぐれも取り扱いにはご注意ください。

　包丁が使えないこともかなりの制約でしたが、これらの条件の中で、今まで「……ねばならぬ」と信じて疑わなかった調理法よりも、ずっと簡単で省エネでヘルシーで時間の節約にもなるものがあることを発見しました。

　「なんだ、これでいいじゃない！」　当初は障害のある方々のためにと作り始めた本ですが、気がつけば料理に時間をかけられない方や、これから料理を作ってみたい方にも十分対応できる内容になりました。

　一人でも多くの方のお役に立てれば幸いです。

竹中迪子

■本書の使いかた■

　この本は、障害のある人だけでなく、年齢・性別にも関係なく、みんなにやさしく、みんなが使える「ユニバーサルデザイン」の視点で作りました。

　この本には5つの特徴があります。

① 包丁や直火を一切使っていないので、うっかりミスや危険につながりにくい。
② 写真を多く使い、料理の手順を目で見て理解できる。
③ 道具や温度・時間のアイコンで、必要な情報が一目でわかる。
④ 無理な姿勢をとることなく、少ない力で楽に使える道具・器具を使っている。
⑤ 大きめの字とふりがなで、わかりやすい。

　レシピは「ちょっとむずかしいな…」と思える料理が、「こんなに簡単にひとりでできる！」という実感を味わっていただけるようなものを考えました。

　失敗を恐れず、ページをめくって関心のあるものからどんどんチャレンジしてください。「できちゃった！」と歓声があがること間違いなしです。

逵直美

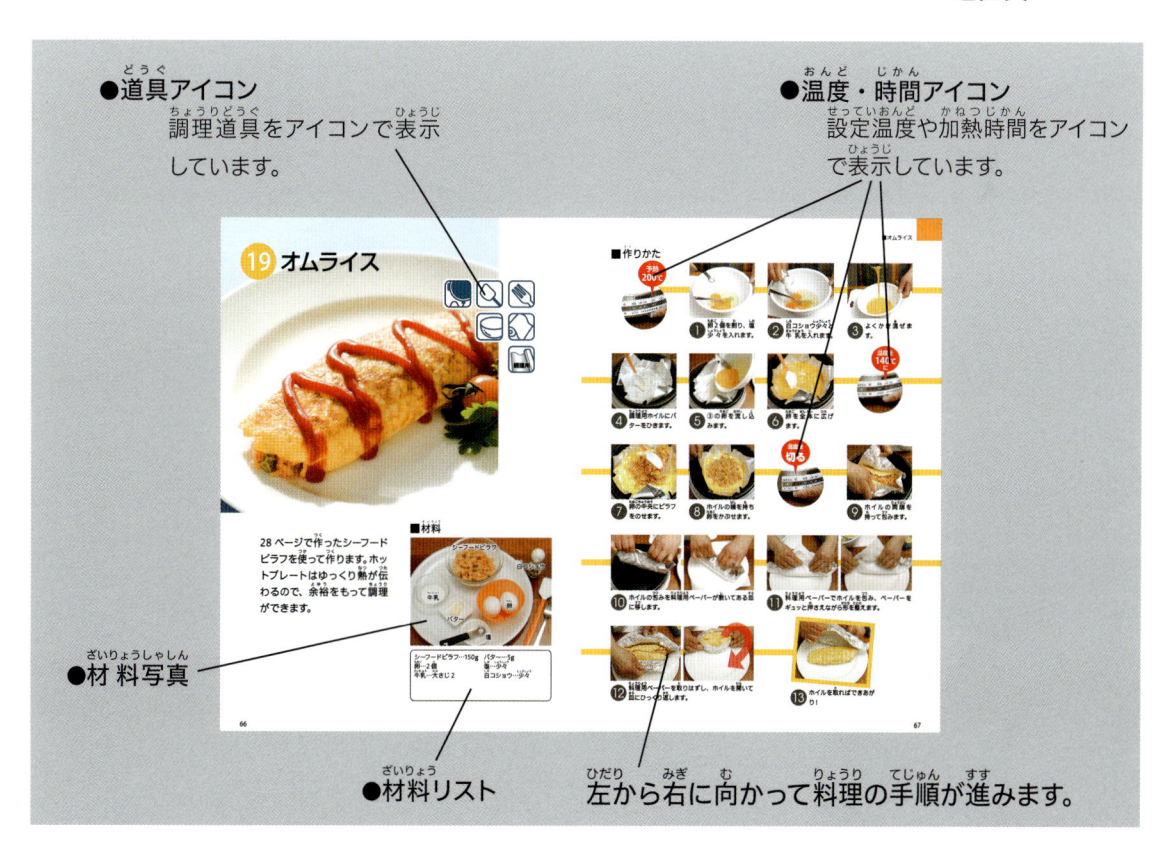

● 道具アイコン
調理道具をアイコンで表示しています。

● 温度・時間アイコン
設定温度や加熱時間をアイコンで表示しています。

● 材料写真

● 材料リスト

左から右に向かって料理の手順が進みます。

目次
もくじ

■ はじめに ―――― 2
■ 本書の使いかた ―――― 3
ほんしょ つか

1. 安全な料理のために
あんぜん りょうり

■ 調理を始める前に ―――― 8
ちょうり はじ まえ
■ 電子レンジの使いかた ―――― 10
でんし つか
■ ホットプレート・炊飯器の使いかた ―――― 12
すいはんき つか
■ 調理道具 ―――― 13
ちょうりどうぐ
■ 調理道具の使いかた ―――― 14
ちょうりどうぐ つか
■ 調味料 ―――― 16
ちょうみりょう
■ 食材・調味料の計りかた ―――― 18
しょくざい ちょうみりょう はか
■ 食中毒に気をつけて ―――― 20
しょくちゅうどく き
　■ コラム「消費期限と賞味期限」
　　　　　しょうひきげん　しょうみきげん

2. レシピ

■ 1. ごはん ―――― 22
■ 2. おにぎり ―――― 24
■ 3. 混ぜごはん ―――― 26
　　　ま
■ 4. シーフードピラフ ―――― 28

■目次

下ごしらえ

- じゃがいも ── 30
- ほうれん草 ── 31
- カボチャ / たまねぎ・赤たまねぎ ── 32
- ブロッコリー・カリフラワー / 枝豆 ── 33
- いり卵 ── 34
- 鶏そぼろ ── 35

- 5. おぼろ寿司 ── 36
- 6. 肉じゃが ── 38
- 7. 牛丼 ── 40
- 8. キノコいっぱいのキーマカレー ── 42
- 9. 野菜のレンジ蒸し ── 44
- 10. キャベツと豚肉の段々蒸し ── 46
- 11. カラフルナムル / ビビンバ ── 48
- 12. ふんわりプチバーグ ── 50
  - プチバーグ用ソースの作りかた ── 52
- 13. タコライス ── 54
- 14. 麻婆豆腐 ── 56
- 15. 豚のしょうが焼き ── 58

- 16. スペアリブ ── 60
- 17. ハムエッグ ── 62
  - コラム「リンゴジャムの作りかた」── 63
- 18. フレンチトースト ── 64
- 19. オムライス ── 66
- 20. みそバター風味鮭のちゃんちゃん焼き ── 68
- 21. ブリの照焼き ── 70
- 22. ミネストローネスープ ── 72
- 23. シーフードチャウダー ── 74
- 24. スパゲティナポリタン ── 76
- 25. エビとキノコの白いスパゲティ ── 78

- 26. 塩焼きそば ── 80
- 27. パンケーキ ── 82
- 28. お好み焼き ── 84
- 29. みそ汁 ── 86
- 30. ほうれん草のごまあえ ── 88
- 31. ほうれん草のおひたし ── 89
- 32. 浅漬け / シンプルピクルス / プチトマトのマリネ ── 90
- 33. ねぎダレ豆奴 ── 93
- 34. ひじきの磯あえ ── 94  
- 35. にんじんサラダ / パーティーサラダ ── 96
- 36. ポテトサラダ ── 98
- 37. ポテトサラダタラモ風 ── 99
- 38. カボチャのカレー風味サラダ ── 100
- 39. ササミのごまサラダ ── 101
- 40. イチゴのヨーグルトゼリー ── 102
- 41. オーロラゼリー ── 104
- 42. シュワシュワカクテル ── 105
- 43. パーティー ── 106
  - 電子レンジの設定時間早見表 ── 108

3. 知っておくと役に立つこと

- **食材の保存の話**
  - ごはん / パン ── 110
  - ひき肉 / ひき肉以外の肉類 ── 111
  - 魚 / カボチャ ── 112
  - 小ねぎ / 青菜類 ── 113
- **体を元気にする栄養の話** ── 114

- おわりに ── 116

1. 安全な料理のために

さぁ、料理を作る準備です。道具や調味料をそろえたり、調理器具や電子レンジ、ホットプレートなどの使いかたをおぼえましょう。

調理を始める前に
― 料理の手順 ―

「料理はむずかしそう……」そんなことはありません。「○○が食べたいなぁ」「自分で作ってみようか」と思えたら大丈夫。さぁ、「ひとりでできちゃった！」クッキングの始まりです。

1. 献立を考える

たとえば「今日はカレーライスが食べたいなぁ。ついでにサラダも！！」と思ったら、「サラダ付きカレーライス」という献立のできあがりです。

2. 買い物に行く

献立が決まったら、買うものをメモして材料を買いに行きます。

■調理を始める前に

3. 調理開始

この本の手順通りに作ります。
いくつかのメニューを作るときは
　1. できあがるまでに時間のかかるもの
　2. サラダなど冷たく食べるもの
　　（作ったら冷蔵庫に入れておきます）
　3. 温かく食べるもの
の順番で作ります。

4. 後片付け

面倒だからといっていつまでも後片付けをしないと、汚れが落ちにくくなったり、におったりしてきます。きれいにすれば気分もスッキリ。

5. 保存する

食べ残したものや余った食材はそれぞれに合った方法で、冷蔵庫・冷凍庫に保存しましょう。

電子レンジの使いかた

火を使わない安全な調理で大活躍するのが電子レンジです。使いかたをおぼえて正しく使いましょう。

■電子レンジを選ぶ

新たに購入する場合、オーブン機能などが付いている高機能のオーブンレンジは必要ありません。本書では、単機能の電子レンジを使用しています。

▲本書で使用したPanasonic エレック NE-EH224-W5 オープン価格（参考市場価格：1万円前後）。

■電子レンジの使いかた

①食材を電子レンジ内に置く
　食材は電子レンジの丸皿の外側に置くと熱の通りがよくなります。

②出力を変更する
　初期設定が500W以外の場合、「出力切替」ボタンを押して出力を500Wに切り替えます。

③調理時間を設定する

④スタートボタンを押す
　「スタート」ボタンを押して調理開始です。

---- 一口メモ ----

本書の調理はすべて500Wで行っています。 お使いの電子レンジに500Wの設定がない場合は600Wや400Wなど、できるだけ500Wに近い設定で調理をしてください。また、その場合の調理時間は108ページの「電子レンジの設定時間早見表」を参考にしてください。

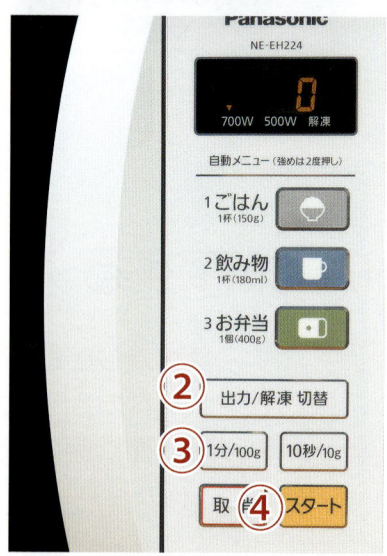

▲温めるだけなら「ごはん」「飲み物」などの専用ボタンを押すだけ。

■電子レンジの使いかた

■電子レンジで使える食器、使えない食器

○

▲耐熱ガラス容器、耐熱性陶磁器、コーヒーカップ、模様や金・銀の線が入ってないガラス食器などが使えます。

×

▲金属、木製の器、漆器、陶磁器、金・銀が入った陶磁器やガラス、カットグラスなどは使えません。

★注意すること★

●取り出すときは熱いので気をつけて！

加熱すると食器はとても熱くなります。取り出すときはやけどをしないように鍋つかみなどを使いましょう。

▶大きい器、重い器はタオルなどを使い、必ず両手で取り出します。

■電子レンジの使いかたの表示について

・電子レンジに入れるときには、ラップをかける場合とラップをかけない場合があります。間違えないように気をつけてください。

▶ラップをかける場合　　ラップをしてレンジで3分　　レンジで2分　◀ラップをかけない場合

◀手前はしっかりかぶせ、奥は軽くかけるようにします。

▶ラップをはずすときは、奥からはずすと簡単にはずせます。

ホットプレート・炊飯器の使いかた

電気で鉄板を温めるホットプレート。焼いたり炒めたり、鍋兼用タイプは鍋料理もできます。また、ごはんを炊く炊飯器は必需品です。

■ホットプレートを選ぶ

底の浅いプレートタイプと、底が深い鍋兼用のグリル鍋タイプがあります。

■ホットプレートで注意すること

調理中は鉄板がかなり熱くなります。直接触れてやけどをしないように注意してください。

▲ 本書で使用した象印 EP-LB10-WG（希望小売価格：11,550円）。

■ホットプレートの後片付け

本書では、ホットプレートの調理には後片付けが簡単なので「調理用アルミホイル」を使っています。後片付けは、必ずホットプレートの鉄板が冷めてから行ってください。

● ホットプレートの後片付け方法

▲ 油などがこぼれないようにたたんで捨てます。
▲ プレートの汚れはペーパーでふき取ります。 

■炊飯器を選ぶ

本書では、3合炊きの「無洗米モード」が付いているシンプルな保温釜タイプを使用しています。

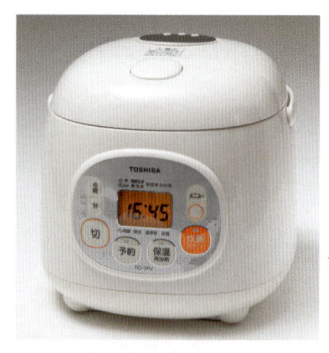

◀ 本書で使用した東芝 RC-5RV。現在は生産中止。

★ 電気製品を使用する前には、必ず「取扱説明書」をよく読んでください ★

■ホットプレート・炊飯器の使いかた / 調理道具

調理道具

包丁のかわりに役立つのがピーラーやスライサーなどの食材を切る調理道具。混ぜるときに使うボウルや菜箸、計量に使うスプーンやはかりなども必要です。

主な調理道具:
- 計量カップ
- 茶こし
- ザル
- ボウル
- トング
- はかり
- おろし器
- スプーン
- フォーク
- 泡だて器
- おたま
- スライサー
- 菜箸
- フライ返し
- 計量スプーン
- 千切りスライサー
- 調理バサミ
- ピーラー
- スケッパー

▲本書で使用した主な調理道具。この他、炊飯器に付属のしゃもじ、ヘラ、骨抜き、爪楊枝、めん棒などを使っています。

● アイコン解説……本書では使用する調理道具を以下のアイコンで表示しています。

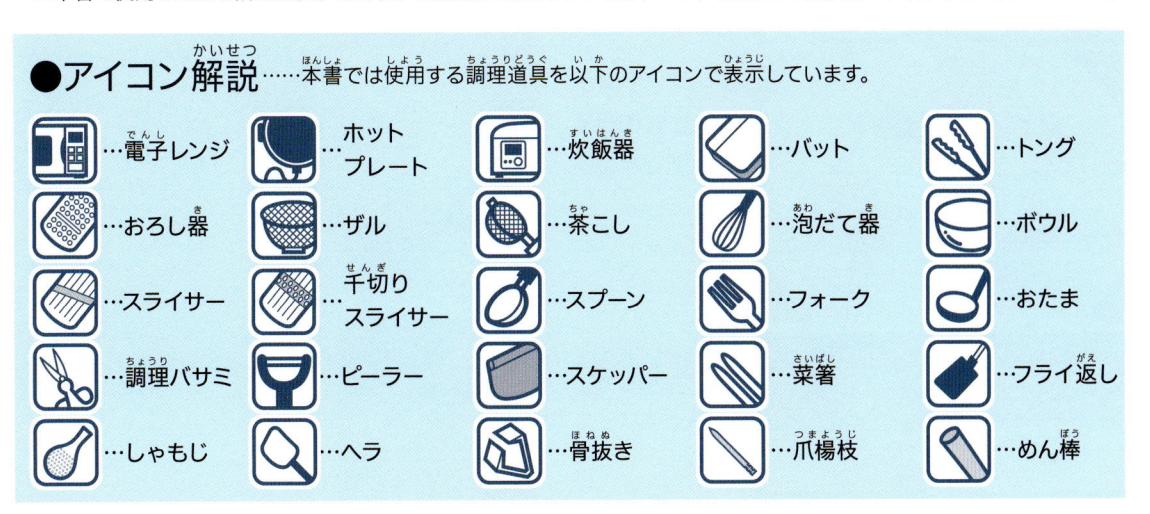

- …電子レンジ
- …ホットプレート
- …炊飯器
- …バット
- …トング
- …おろし器
- …ザル
- …茶こし
- …泡だて器
- …ボウル
- …スライサー
- …千切りスライサー
- …スプーン
- …フォーク
- …おたま
- …調理バサミ
- …ピーラー
- …スケッパー
- …菜箸
- …フライ返し
- …しゃもじ
- …ヘラ
- …骨抜き
- …爪楊枝
- …めん棒

調理道具の使いかた

「包丁」のかわりに役に立つのが便利な調理道具。トマトなど、やわらかいものを切るのは苦手ですが、それ以外ならおまかせ！

調理バサミ

包丁のかわりに大活躍するのが調理バサミです。使い終わったら流水で洗い、清潔なフキンで水気を取ります。直接食材に触れるので、清潔に保つことを心がけてください。

★肉類を切ったあとは特によく洗ってください。

●野菜を切る

●キノコを切る 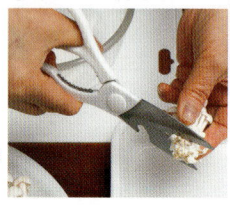　●肉を切る　●袋を切る

ピーラー

◀切りかたで長さを変えることができます。

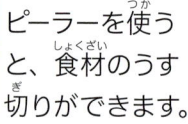

ピーラーを使うと、食材のうす切りができます。

◀にんじんやゴボウは少し力を入れてゆっくりと。

骨抜き

細かい作業に役に立つのが骨抜きです。レンジで加熱したじゃがいもやたまねぎの皮をむいたり、かたい部分を取ったりするなど、いろいろ使えます。

◀ケチャップなどの容器のシールをはがすのも簡単！

■調理道具の使いかた

マルチスライサー

うす切りや、千切り、おろしができる調理道具がマルチスライサーです。
食材が短くなってくると指を切りやすいので気をつけましょう。

●おろし器

◀食材が短くなってきたらホルダーを使います。

ホルダー

●千切りスライサー

◀にんじんや大根の千切りも簡単。

●スライサー

◀食材が短くなってきたらホルダーを使います。

ホルダー

その他に必要なもの

調理中に服が濡れたり汚れたりしないようにするためのエプロンや、熱いものをつかむための鍋つかみ、フキン、タオルなどが必要です。

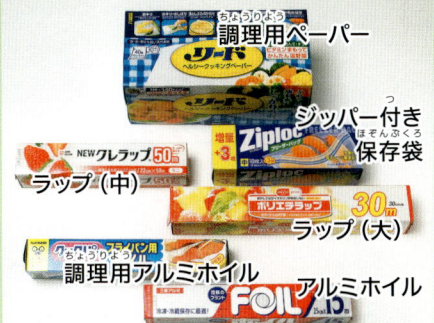

調理用ペーパー
ジッパー付き保存袋
ラップ（中）
ラップ（大）
調理用アルミホイル

…調理用ペーパー
…ラップ
…ジッパー付き保存袋
…調理用アルミホイル
…アルミホイル

また、水気を切ったり油をひくための調理用ペーパーや、ラップ、ホットプレートに敷くホイル、保存用の袋などが必要です。

調味料

素材の味をより深く、香り豊かに変化させ整える調味料。本書のレシピでおもに使っているものを紹介します。

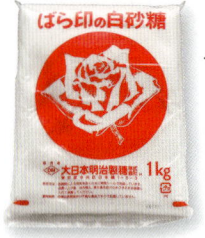

◀ **砂糖**
お菓子や料理の隠し味に欠かせません。

◀ **酢**
料理に酸味をつけさっぱりした味に。

◀ **しょう油**
世界中で使われている万能調味料。

▶ **塩**
あらゆる料理に欠かせない調味料。

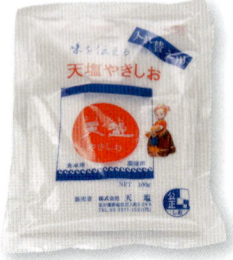

▶ **みりん**
和食などをまろやかな味に。

▶ **みそ**
日本各地にさまざまな種類があります。

◀ **オリーブ油**
フルーティーな香りの良質な油です。

◀ **サラダ油**
クセがないのでいろいろな料理に使えます。

◀ **ソース**
スパイシーな香りとフルーティーな甘さが特徴。

▶ **ごま油**
ごまの香ばしさが料理にうま味を加えます。

◀ **マヨネーズ**
料理や素材をやさしくまろやかに。

▶ **ケチャップ**
トマトの酸味が料理の味をさわやかに。

▲ **バター**
料理のコクと風味が増します。

◀ **白コショウ**
ピリッとした辛さは風味を引き立てます。

▶ **乾燥パセリ**
料理の仕上げのアクセントに。

▲ **洋風スープの素**
本格的なスープが手軽に。

■調味料

▶めんつゆ
めん類はもちろん煮物も手軽に作れます。

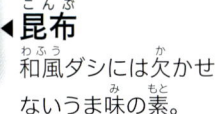

◀昆布
和風ダシには欠かせないうま味の素。

▶ポン酢しょう油
鍋物のほかにサラダやあえ物、揚げ物にも。

▶かつお節
ダシのほか、料理にうま味を加えます。

▶日本酒
素材のクセを消しうま味を加えます。

◀青のり
お好み焼きなどに磯の香りを加えます。

▶豆板醤
中華料理に使われる唐辛子入り空豆みそ。

▶七味唐辛子
そばや牛丼にかける辛い薬味。

◀鶏ガラスープの素
鶏ガラから取り出したうま味が濃縮されています。

▶焼き肉のタレ
数々の食材、調味料が調合されています。

▶オイスターソース
カキの濃い風味とうま味が料理にコクを。

▶ラー油
唐辛子の辛さとごま油の風味がつまっています。

◀タバスコソース
ピザやパスタにかける辛いソース。

▶赤ワイン
肉料理等のクセを取り風味を増します。

◀ピザソース
トマトソースにスパイスやたまねぎなどをブレンド。

◀フレンチドレッシング
基本のサラダドレッシングです。

▶粉チーズ
パスタやシチューのコクをグッと深めます。

▶白ワイン
魚介類のにおいを取り風味を増します。

▶ガラムマサラ
インド料理に欠かせないミックススパイス。

◀メープルシロップ
メープルの樹液から作られた甘いシロップ。

◀カレー粉
ターメリックに数種のスパイスがブレンドされています。

▶ハチミツ
滋養が豊富な自然の甘さ。

17

食材・調味料の計りかた

レンジ料理は食材の量が加熱時間に大きく影響します。おいしい料理を作るためにも正確な計量を心がけましょう。

■はかり（デジタル）の計りかた

1. スイッチを入れます。
2. 「0」が表示されます。 
3. 器をのせると器の重さが表示されます。 
4. ボタンを押して表示を「0」にします。 
5. 食材をのせ分量を計ります。 

■計量カップの計りかた

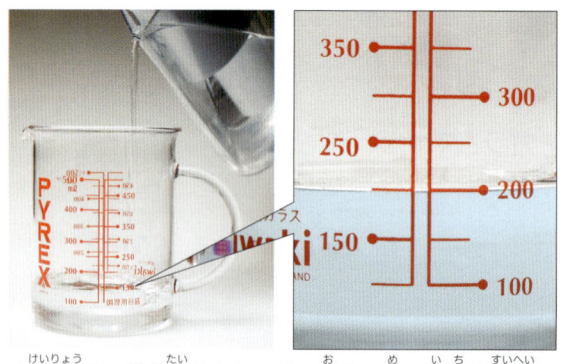

▲計量カップを平らなところに置き、目の位置を水平にして計ります。

※拡大図はわかりやすいように水を着色してあります。

■食材・調味料の計りかた

■計量スプーンの計りかた

○…スプーンのサイズ表示。スプーンによって表示位置は異なります。

・計量スプーンの種類

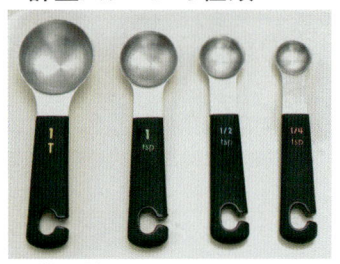

▲左から大さじ、小さじ、小さじ 1/2、小さじ 1/4。

一口メモ
「小さじ 1/4」がないときは、「小さじ 1/2」を計り、半分を戻します。

・塩などの計りかた

▲ナイフの背など平らなものですり切ります。

・大さじ 1

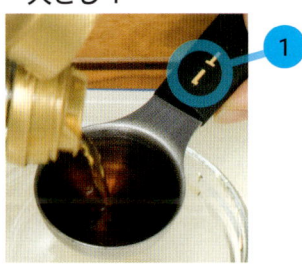

・小さじ 1

・小さじ 1/2

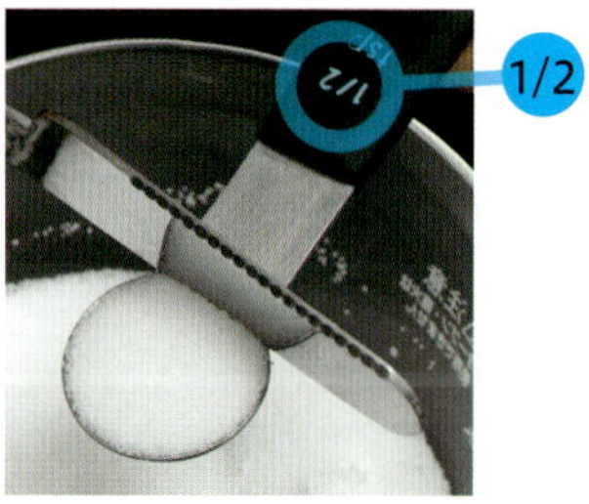

・小さじ 1/4

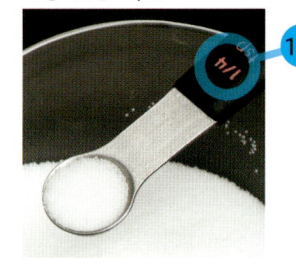

・小さじ 1/8（小さじ 1/4 の半分を戻します）

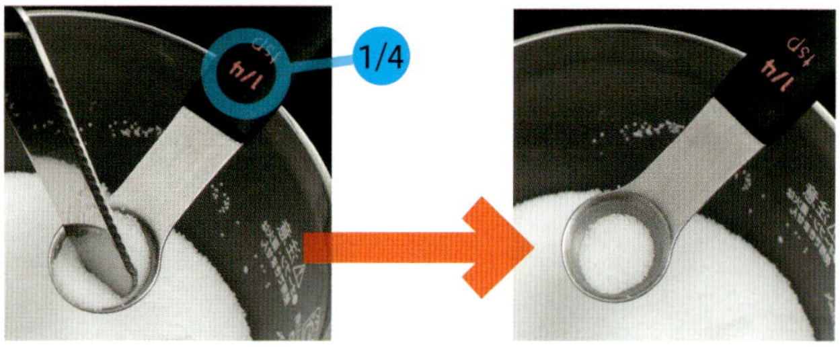

■塩・コショウの分量

調味料の計量で一番気をつけたいのが塩の量。少量でも入れすぎるとしょっぱくなるので気をつけましょう。塩・コショウの分量は下の写真を参考にしてください。

・ひとつまみ

・少々

・少々ふりかける

食中毒に気をつけて

「手を洗う」「いつも調理道具などを清潔にしておく」は料理の基本です。バイ菌は1年中、あなたをねらっています。

買い物
- 消費期限などの表示をチェック！

帰り道
- 寄り道しないでまっすぐ帰る

買い物から帰ったら
- 要冷蔵食品や冷凍食品はすぐ冷蔵庫へ
- 手をよく洗う

調理の前も食べる前も必ず手洗い!!

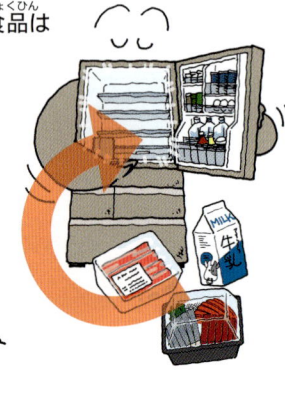

調理開始
- 調理器具をよく洗う
- タオルやフキンは清潔なものを 
- 野菜もよく洗う

食事終了
- 清潔な器具を用い清潔な容器に入れ、冷蔵庫に保存 
- 長時間室温で放置しない
- 時間が経ちすぎたりちょっとでもにおったりしたら捨てる

コラム 消費期限と賞味期限

「消費期限」は食べても安全な期限のことです。

「賞味期限」はおいしく食べられる期限のことです。

▲ 消費期限は生鮮加工食品などに表示されています。

どちらも「開封しない」「表示されている保存方法で保存」した場合の期限です。開封したらできるだけ早く食べましょう。

▲ 賞味期限は工場で作られた加工食品などに表示されています。

2. レシピ

和洋中、代表的な料理を紹介します。簡単そうなものから作ってみましょう。

① ごはん

日本人の食の基本、「ごはん」。無洗米を水に30分浸し、スイッチを押せばホッカホカごはんが炊きあがります。

一口メモ
米の量を計るときは炊飯器に付いている計量カップを使います。付属の計量カップはその炊飯器にあった分量が計れるようになっています。

■材料

無洗米…1カップ
水

■ごはん

■作りかた

① 炊飯器付属の計量カップ1杯の無洗米を計ります。

② 計った無洗米をお釜に入れます。

③ 水を入れます。

④ 水の量は内釜の目盛り「白米-1」です。

⑤ 30分浸します。

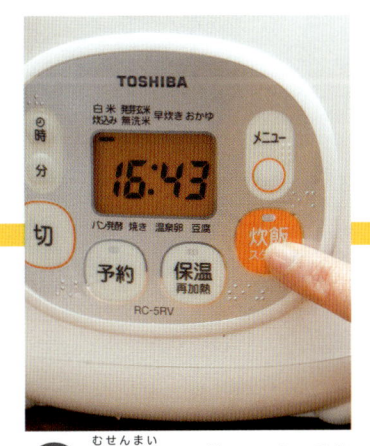

⑥ 無洗米モードでスイッチを入れます。
※「無洗米」モードがない場合は「炊飯」モードでOKです。

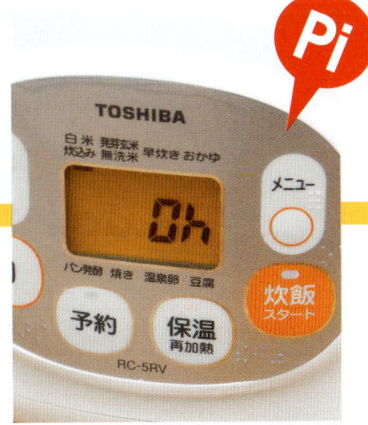

⑦ 炊飯が終了すると炊飯器が音で知らせてくれます。

⑧ ごはんが炊けたらしゃもじでほぐします。

② おにぎり

ラップで形を整えれば、簡単におにぎりが作れます。具は、定番のおかか、昆布、梅干しのほかに鮭など、お好みのものを入れてみましょう。

■ 材料（おにぎり3個分）

炊きたてごはん（→ P.22）…無洗米1カップ分
塩水（水…大さじ3　塩…小さじ1）
のり…3枚
梅干し…小1個　　　　かつお節…大さじ2
昆布の佃煮…大さじ1　しょう油…小さじ1/2

■おにぎり

■下準備

塩水の作りかた

① 水大さじ3に塩小さじ1を入れます。

② かき混ぜて塩をよくとかします。

■作りかた

おかか

① 炊きたてのごはんを三等分します。

② 茶わんにラップを敷きます。

③ 1個分のごはんをよそいます。

④ かつお節にしょう油を入れます。

⑤ よく混ぜます。

⑥ ⑤をごはんの真ん中に置きます。

⑦ 茶わんからラップを取り出します。

⑧ ラップの口をひねり軽くにぎります。

⑨ ラップをはずし手に塩水をつけます。

⑩ 両手で軽く包むようににぎります。

⑪ あとはのりを巻くだけ！

★ほかの具を入れるときは、上の手順⑥で具を変えてにぎります。

梅干し

▲ごはんの真ん中に梅干しを置きます。

昆布

▲ごはんの真ん中に昆布を置きます。

3 混ぜごはん

炊きたてごはんに漬物、鮭フレークを混ぜるだけで彩り鮮やかな「混ぜごはん」ができます。いつもとちょっと違う食卓を楽しんでください。

■材料

炊きたてごはん（→P.22）…無洗米1カップ分
高菜の漬物…30g
鮭フレーク…20g
白いりごま…大さじ1
イクラ…大さじ1

■混ぜごはん

■作りかた

① 炊きたてのごはんに、高菜の漬物と鮭フレークを入れます。

② しゃもじで軽く混ぜます。

③ 白いりごまを入れます。

④ 材料とごはんを混ぜます。

⑤ 混ぜごはんを器に盛り、イクラをのせればできあがり!

4 シーフードピラフ

トマトケチャップやシーフードミックスなどを入れてごはんを炊くだけでおいしいピラフのできあがり!! 冷凍しておけばいつでも食べられます。

■ 材料

無洗米…1カップ
シーフードミックス…60g
ミックスベジタブル…60g
トマトケチャップ…大さじ1
洋風スープの素…小さじ1
ピザソース…大さじ1
バター…5g
水

■シーフードピラフ

■作りかた

1. ピザソース、ケチャップ、スープの素を入れます。
2. シーフードとミックスベジタブルを入れます。 
3. ヘラでよく混ぜます。 
4. 「目盛り-1」まで水を入れます。 
5. バターを入れます。 
6. 30分浸します。 
7. 無洗米モードでスイッチを入れます。 
   ※「無洗米」モードがない場合は「炊飯」モードでOKです。
8. 炊けたらしゃもじでかき混ぜます。 

★シーフードピラフはオムライス（66ページ）にも使います。

下ごしらえ

料理を作る前に野菜などをすぐ使えるように準備するのが「下ごしらえ」。料理には欠かせない手順です。下ごしらえしたものを保存しておけば、料理がとても簡単になります。

じゃがいも

レンジで3分30秒（150g）

1. 表面の汚れを洗い落とします。
2. 水がついたままラップに包みます。 
3. 容器（耐熱性）のはしに置きます。 
4. 鍋つかみを使って取り出します。（熱いので注意!!）
5. ペーパーで包みながら皮をむきます。（熱いので注意!!）
6. むきにくいときは骨抜きを使います。
7. 芽はフォークで取り除きます。 
8. 料理に合わせて……
   - スケッパーで大きく切ります。（肉じゃが） 
   - フォークで大きく切ります。（ポテトサラダ／ポテトサラダタラモ風） 
   - フォークでつぶします。（シーフードチャウダー） 

●下ごしらえしたじゃがいもで作る料理

- ⑥ 肉じゃが → P.38
- ㉓ シーフードチャウダー → P.74 
- ㊱ ポテトサラダ → P.98 
- ㊲ ポテトサラダタラモ風 → P.99

■下ごしらえ｜じゃがいも / ほうれん草

ほうれん草

① 根本の土をよく洗い落とします。

② 3cmの長さに手でちぎります。

③ 軽くひねるとちぎりやすくなります。

④ 水気をつけたままポリ袋に入れます。

⑤ 密閉しないように軽く締めます。

レンジで2分（200g）

熱いので注意!!

⑥ 気をつけて取り出し少し冷まします。

⑦ ゆっくり袋を開けます。

⑧ 水に浸してアクを抜きます。

⑨ ザルに移します。

⑩ かたくしぼって水気を切って終了！

一口メモ
野菜のアクは「にがみ」や「えぐみ」のこと。アクを抜くとおいしくなります。

● 下ごしらえしたほうれん草で作る料理

⑪ カラフルナムル → P.48

⑪ ビビンバ → P.48

㉚ ほうれん草のごまあえ → P.88

㉛ ほうれん草のおひたし → P.89

カボチャ

1. スプーンで種を取り除きます。
2. サッと水洗いします。 
3. そのままラップで包みます。 
4. 耐熱容器にのせレンジに入れます。 

レンジで5分（300g）

5. レンジから取り出して終了！

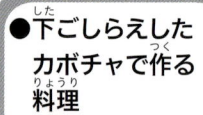

● 下ごしらえしたカボチャで作る料理

㊳ カボチャのカレー風味サラダ → P.100

たまねぎ・赤たまねぎ

1. 骨抜きを使って皮をむきます。 
2. 頭のかたい部分はねじって取ります。 
3. スライサーでうす切りします。 
4. 終了！

5. サラダなど生で使う場合は水につけます。

● 下ごしらえしたたまねぎ・赤たまねぎで作る料理

⑥ 肉じゃが → P.38
⑦ 牛丼 → P.40 
⑳ 鮭のちゃんちゃん焼き → P.68 
㉟ パーティーサラダ → P.96

■下ごしらえ | かぼちゃ / たまねぎ・赤たまねぎ / ブロッコリー・カリフラワー / 枝豆

ブロッコリー・カリフラワー

① 茎を切り小房を切り落とします。

② 塩水につけます。
※塩水：水200cc+塩小さじ1

③ ラップに包みます。

レンジで2分（100g）

④ ラップをはずしてザルにあけます。

⑤ 茎を下にして水気を取り終了！

▶ プチトマトと並べるだけで簡単にサラダが作れます。

枝豆

① 調理バサミで枝豆を切り落とします。

② 枝豆を器にのせラップをかけます。

レンジで2分（100g）

③ 熱いので気をつけて取り出します。

④ 冷めたらさやから豆を押し出し終了！

●下ごしらえした枝豆で作る料理

32 プチトマトのマリネ→P.92

33 ねぎダレ豆奴→P.93

33

いり卵

卵…2個　塩…小さじ1/8*
砂糖…大さじ1
*P.19 参照

① 卵を割ります。

② フォークでよく混ぜます。

③ 砂糖を入れます。

④ 塩を入れます。

⑤ よく混ぜます。

レンジで1分

⑥ レンジから取り出してよく混ぜます。

レンジで30秒

⑦ レンジから取り出してよく混ぜます。

⑧ 細かくほぐします。

レンジで30秒

⑨ そぼろ状になるまで混ぜて終了！

● 下ごしらえした いり卵で作る料理

⑤ おぼろ寿司 → P.36

■下ごしらえ｜いり卵／鶏そぼろ

鶏そぼろ

砂糖　みそ　しょう油
酒　鶏ひき肉　焼き肉のタレ

鶏ひき肉…80g
酒・しょう油・砂糖・みそ
　　　　…各小さじ1
焼き肉のタレ…大さじ1

① 鶏ひき肉に酒、しょう油、砂糖、みそ、焼き肉のタレを入れます。

② 菜箸でよく混ぜます。

レンジで2分

③ レンジから取り出し、よく混ぜます。

レンジで1分30秒

④ もう一度よく混ぜて終了！

●下ごしらえした鶏そぼろで作る料理

5 おぼろ寿司 → P.36

11 ビビンバ → P.48

13 タコライス → P.54

14 麻婆豆腐 → P.56

5 おぼろ寿司

ごはんを炊くときに合わせ酢を入れるだけで、簡単にすし飯が作れます。トッピングは下ごしらえしてある鶏そぼろといり卵です。

■材料

鶏そぼろ（→ P.35）…70g
いり卵（→ P.34）…卵2個分
みつ葉…1/2束
しらす干し…30g
白いりごま…大さじ2

［すし飯の材料］
無洗米…1カップ
酢…小さじ4　水
砂糖…大さじ1
塩……小さじ1/4

■おぼろ寿司

■ 作りかた

1. 無洗米に酢、砂糖、塩を入れます。
2. よく混ぜます。 
3. 内釜の目盛りの「すし飯-1」まで水を入れます。 
4. 30分浸したあとスイッチON! 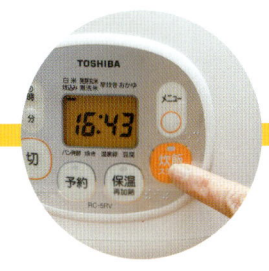
5. 炊けたらみつ葉の葉を少し残して入れます。 
6. しらす干し、白いりごまを入れます。 
7. しゃもじで切るように混ぜます。 
8. 大きめの器に盛りつけます。 
9. 鶏そぼろを器の半分にのせます。 
10. 反対側にいり卵をのせます。 
11. 残りのみつ葉の葉をのせてできあがり!

⑥ 肉じゃが

みそ汁と並んで「日本のお母さんの味」といわれるのが肉じゃが。じゃがいもを下ごしらえしておけば簡単に作れます。

■材料

- 牛切り落とし肉（うす切り）
- たまねぎ
- めんつゆ
- 下ごしらえしたじゃがいも
- みりん
- いんげん
- しょう油

牛切り落とし肉…80g
下ごしらえしたじゃがいも（→P.30）…1個分
たまねぎ（うす切り→P.32）…40g
いんげん…3本　　　　　しょう油…小さじ1
めんつゆ…大さじ3　　　みりん……小さじ1

一口メモ
ここで使う下ごしらえしたじゃがいもは、スケッパーで大きく切ったものです。

■肉じゃが

■作りかた

1. いんげんのかたい部分のスジを取り除きます。
2. 3cmの長さに折ります。 
3. ボウルにめんつゆとしょう油、みりんを入れます。 
4. ③で作ったタレに肉をちぎって浸します。 
5. じゃがいも、たまねぎ、いんげんを入れて混ぜます。 

ラップをしてレンジで3分

6. レンジから取り出してよく混ぜます。

ラップをしてレンジで3分

7. 最後にもう一度混ぜ器に盛ります。

39

7 牛丼

お肉たっぷりの牛丼です。味を染み渡らせるために、何度か混ぜるのがおいしく仕上げるコツ。紅しょうがをたっぷりのせてめしあがれ！

■材料

牛切り落とし肉…80g
たまねぎ（うす切り→ P.32）…50g
ごはん…150〜200g
紅しょうが…大さじ1
めんつゆ……大さじ3
みりん……小さじ1/2
しょう油…小さじ1/2

※ごはんは、炊きたてでも、残りごはんでもOK

■牛丼

■作りかた

① ボウルにうす切りのたまねぎを入れます。

② 肉をほぐしながら入れます。

③ めんつゆを入れます。

④ しょう油を入れます。

⑤ みりんを入れます。

⑥ 軽く混ぜます。

ラップをしてレンジで3分

⑦ レンジから取り出して混ぜます。

ラップをしてレンジで2分

⑧ もう一度軽く混ぜます。

⑨ ごはんにのせ、紅しょうがを添えてできあがり！

41

8 キノコいっぱいのキーマカレー

ひき肉を使ったおいしいカレーです。よく混ぜればどんどんおいしくなります。ピクルスやレーズンを添えれば、専門店も顔負けのカレーができあがり！

■ 材料

牛ひき肉…70g	ガラムマサラ…小さじ 1/4
トマトの水煮…70g	バター…5g
舞茸・しめじ…各 30g	塩…小さじ 1/8*
おろししょうが…小さじ 2	カレー粉…小さじ 2
ピザソース…大さじ 1	薄力小麦粉…小さじ 2

*P.19 参照

■ キノコいっぱいのキーマカレー

■ 作りかた

① 牛ひき肉にカレー粉と小麦粉を入れます。

② よく混ぜます。

③ しょうがをすりおろし「小さじ2」入れます。

④ ピザソースを入れます。

⑤ トマトの水煮を入れます。

⑥ 塩を入れます。

⑦ 舞茸、しめじをほぐしながら入れます。

⑧ よく混ぜます。

ラップをしてレンジで6分

⑨ バターとガラムマサラを入れ、よく混ぜます。

ラップをしてレンジで3分

⑩ ごはんにかければできあがり!

43

9 野菜のレンジ蒸し

油が少なく、野菜がたくさん食べられるヘルシーなレンジ料理です。このままはもちろん、ポン酢やレモン汁をかけたり、ラーメンにのせたりしてもOK！

■材料

- キャベツ…60g
- もやし……60g
- しめじ……40g
- にんじん…20g
- 小ねぎ……2本
- サラダ油…大さじ1/2
- 塩…小さじ1/4
- 白コショウ…少々

■野菜のレンジ蒸し

■作りかた

① もやしをボウルに入れ小ねぎを3cmに切ります。

② にんじんをピーラーでうす切りにして入れます。

③ 根元を切ったしめじを小さめにほぐして入れます。

一口メモ
直接、野菜を切ったり、スライスしたり、ちぎったりして入れるときの分量は、写真を参考にしてください。

④ キャベツを小さめにちぎって入れます。

⑤ サラダ油を全体にかかるように入れます。

⑥ 塩、白コショウを入れます。

⑦ 全体をトングでよく混ぜます。

ラップをしてレンジで5分

⑧ 器に盛ってできあがり！

45

⑩ キャベツと豚肉の段々蒸し

蒸すことでキャベツやにんじんはしんなりとやわらかくなり、自然な甘味が出てきます。豚肉のうま味たっぷりの肉汁とからまって、さらにおいしくなります。

■材料

にんじん　キャベツ
ポン酢　焼き肉のタレ　豚うす切り肉
酒　オリーブ油

キャベツ…70g
にんじん…15g
豚うす切り肉…50g
焼き肉のタレ…小さじ1
酒…小さじ1
オリーブ油…小さじ1
ポン酢…小さじ1

■キャベツと豚肉の段々蒸し

■作りかた

① キャベツのかたい部分を調理バサミで切り落とします。

② 食べやすい大きさにちぎり2〜3枚皿にのせます。

③ にんじんを2〜3枚切りキャベツにのせます。

④ 豚肉を重ねて野菜の上にのせます。

⑤ ②③④をくり返します。

⑥ 器に焼き肉のタレと酒、オリーブ油を入れ混ぜます。

⑦ ⑥で作ったタレをかけます。

ラップをしてレンジで5分

⑧ ポン酢をかけてできあがり！

47

11 カラフルナムル / ビビンバ

ナムルは下ごしらえしたほうれん草に、大根、にんじんを混ぜた韓国風のあえ物。鶏そぼろ、温泉卵と一緒にごはんにのせればビビンバが簡単に作れます。

■材料（カラフルナムル）

下ごしらえしたほうれん草（→ P.31）…70g
大根…50g
にんじん…30g　　白すりごま…大さじ1
ごま油……小さじ1　塩…小さじ1/8*

*P.19 参照

■カラフルナムル / ビビンバ

■作りかた（カラフルナムル）

1. にんじんを千切りにし30g用意します。
2. 大根を千切りにし50g用意します。 
3. 千切りにしたにんじん、大根に塩を入れます。 
4. ほうれん草を入れます。 
5. ごま油を入れます。 
6. 白すりごまを入れます。 
7. よく混ぜればカラフルナムルの完成です。 

ビビンバ

■材料

ごはん
カラフルナムル
温泉卵
松の実
鶏そぼろ

ごはん…150g*　鶏そぼろ…50g**
温泉卵…1個　松の実…大さじ1
カラフルナムル…50g

■作りかた

1. ごはんにナムルをのせます。
2. 鶏そぼろをのせます。 
3. 温泉卵を割りくずれないようにのせます。 
4. 松の実をかけてできあがり！ 

*P.22参照、**P.35参照

12 ふんわりプチバーグ

ひき肉はレンジで調理するとかたくなりがちですが、牛乳に浸したパンを入れて口当たりをソフトにします。生肉をじかに手でさわらないように作ります。

■ 材料

合いびき肉…100g
パン…20g
牛乳…大さじ2
ピザソース…大さじ1
マヨネーズ…小さじ2
塩…小さじ1/8*
ナツメグ…少々

*P.19 参照

■ふんわりプチバーグ

① パンを細かくちぎり牛乳を入れます。

② 合いびき肉に塩を入れます。

③ ピザソースとマヨネーズを入れます。

④ よく混ぜます。

⑤ ①のパンを軽くしぼって入れます。

⑥ ナツメグを入れ混ぜます。

⑦ 肉を3つに分けます。

⑧ 分けた肉をラップにのせます。

⑨ ラップの上から肉を丸い形にします。

⑩ 皿にのせレンジに入れます。

レンジで3分30秒

⑪ 熱いので注意して取り出します。

次のページでプチバーグのソースの作りかたを紹介します

51

プチバーグ用ソースの作りかた

■材料（各3個分）

■おろしソース
 大根おろし…大さじ3
 大葉…3枚

■チーズのトッピング
 スライスチーズ…1.5枚

■キノコソース
 しめじ…50g
 赤ワイン…大さじ1
 しょう油…小さじ1
 バター…5g

おろしソースの作りかた

① プチバーグに大葉をのせます。

② 大根おろしをのせておろしバーグ完成！

チーズのトッピング

① 半分にちぎったスライスチーズをのせます。

レンジで1分30秒

② チーズバーグのできあがり！

■ふんわりプチバーグ｜プチバーグ用ソースの作りかた

🟡 キノコソースの作りかた

① ペーパーで P.51 ⑪ の皿に残った油を取ります。

② しめじを入れます。

③ 赤ワインを入れます。

④ しょう油を入れます。

⑤ バターを入れてヘラで混ぜます。

レンジで2分

⑥ よく混ぜます。

⑦ プチバーグにかけて完成！

一口メモ

チーズをのせケチャップをかければイタリア風に、大葉と大根おろしをのせポン酢をかければ和風に、肉汁をベースにしたキノコソースをかければ洋風に。ソースを変えればいろいろな味が楽しめます。

▶ クレソンやプチトマトを添えれば見た目も鮮やかに！

13 タコライス

下ごしらえした鶏そぼろにチリソースを混ぜたタコライス。「カリカリッ!!パリパリッ!!」と、いろいろな食感をチーズの風味と一緒に味わってください。

■ 材料

鶏そぼろ（→ P.35）…70g
ごはん…150〜200g
ピザ用チーズ…30g
チリソース……小さじ1/2
タコスチップ…4〜5枚　　レタス…1〜2枚

※ごはんは、炊きたてでも、残りごはんでもOK

■タコライス

■作りかた

① ごはんの上にレタスを細かくちぎってのせます。

② 鶏そぼろにチリソースを入れます。

③ 鶏そぼろをよく混ぜます。

④ レタスの上に鶏そぼろを広げてのせます。

⑤ チーズをのせます。

⑥ タコスチップを細かく割ってのせればできあがり！

14 麻婆豆腐(マーボードウフ)

35ページで下ごしらえした鶏そぼろで作る中華料理。豆板醤の量で辛さを調整できます。ごはんにかければ「マーボー丼」のできあがり！

■ 材料

木綿豆腐…85g
鶏そぼろ…70g*
豆板醤…小さじ1/2
片栗粉…小さじ1/2
切った小ねぎ…大さじ1
水…大さじ2
ごま油…小さじ1/2
おろししょうが…小さじ1/2
おろしニンニク…小さじ1/2

*P.35 参照

■麻婆豆腐

■作りかた

1. しょうがとニンニクの皮をむきます。
2. しょうがとニンニクをおろします。(各小さじ1/2) 
3. 鶏そぼろに片栗粉と豆板醤を入れます。 
4. ②でおろしたしょうがとニンニクを入れ混ぜます。 
5. 水大さじ2を入れます。 
6. 混ぜます。 
7. 豆腐を手でちぎって入れます。 
8. 豆腐をこわさないように軽く混ぜます。 

ラップをしてレンジで2分

9. ごま油を入れて混ぜます。
10. 器に移します。 
11. 小ねぎを散らしてできあがり! 

57

15 豚のしょうが焼き

みんなが大好きな豚肉のしょうが焼き。焼く前にフォークでスジを刺しておけば、豚肉が反り返らずに焼けます。しょうがの量は好みに合わせて。付け合わせの野菜は、レタスやトマトでもOK！

■ 材料

豚ロース肉（しょうが焼き用）…3枚
ししとう…4本　　しょう油…小さじ2
しょうが…30g　　みりん……小さじ2
　　　　　　　　サラダ油…小さじ1
　　　　　　　　塩…少々

■豚のしょうが焼き

■作りかた

① しょうがの皮をむきすりおろします。

② しょう油にしょうがみりんを入れます。

③ フォークで豚肉を数カ所刺します。

④ ②で作ったタレをかけます。

⑤ 豚肉全体にタレをつけます。

予熱 200℃

⑥ 爪楊枝でししとうに穴を開けます。

⑦ 調理用ホイルにサラダ油をひきます。

3分焼く

⑧ ししとうを約3分焼きます。

⑨ 皿に移し塩を少々ふりかけます。

3分焼く

⑩ 豚肉をのせ約3分焼きます。

3分焼く

⑪ 豚肉を裏返して約3分焼きます。

温度を切る

⑫ 皿に移してできあがり！

16 スペアリブ

下準備をして、1時間以上冷蔵庫内でタレに漬け込んで味を染み込ませておけば、レンジ加熱5分でできあがり。豪快にかぶりついて、豚肉のおいしさを楽しんでください。

■ 材料

スペアリブ…5本
焼き肉のタレ…大さじ4
豆板醤…小さじ1
おろしニンニク…小さじ1
砂糖…小さじ1
酒…大さじ1

■スペアリブ

■作りかた

レンジで5分

① ジッパー付きのポリ袋を広げます。

② スペアリブを入れます。

③ レンジに入れます。
※ジッパーは閉じません。

④ 熱いので注意して取り出します。

⑤ ニンニク小さじ1をすりおろします。

⑥ 豆板醤に砂糖を入れます。

⑦ 酒を入れます。

⑧ ⑤でおろしたニンニクを入れます。

⑨ 焼き肉のタレを入れて混ぜます。

⑩ ⑨を④のポリ袋に入れます。

⑪ よくもんで冷蔵庫に入れます。

⑫ 1時間以上おいてから取り出します。

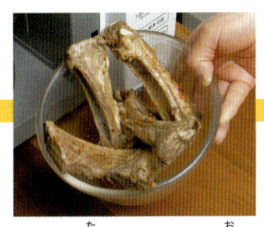

⑬ 立てるように置きレンジに入れます。

レンジで5分

⑭ レンジから取り出してできあがり！

61

17 ハムエッグ

パンはもちろん、ごはんとみそ汁の和食にも合う定番メニューです。緑の野菜を添えれば、色味が鮮やかになります。

■材料

卵…1個
ハム…2枚
サラダ油…小さじ2

■ハムエッグ

■作りかた

予熱 160℃

1. 卵を割ります。 
2. ペーパーでサラダ油をひきます。 
3. 卵をそっと入れふたをします。 
4. 好みのかたさに焼けたらふたを取り、 
5. ハムをのせ両面を焼きます。

温度を切る

6. 皿に移し、野菜を添えればできあがり！

コラム リンゴジャムの作りかた

■ 材料
リンゴ
レモン汁
砂糖

リンゴ…1個
レモン汁…小さじ 1/2×2
砂糖…大さじ 3

1. リンゴを皮ごとすりおろします。 
2. 砂糖を入れよくかき混ぜます。 
3. レモン汁小さじ 1/2 を入れます。

レンジで4分

4. よくかき混ぜてボウルに移します。
5. レモン汁小さじ 1/2 を入れます。
6. よく混ぜてできあがり！ 

※リンゴジャムは 64 ページのフレンチトーストやパンケーキなどにも使えます。

18 フレンチトースト

一口メモ
リンゴジャムの作りかたは P.63 にあります。

朝食はもちろん、ティータイムにもピッタリなフレンチトースト。シナモンやココアなどをかければ、また違った味が楽しめます。

■材料

食パン…1枚
卵…1個
牛乳…大さじ4
砂糖…大さじ1
シナモンパウダー…小さじ1/4
バター…5g
ミントの葉

■フレンチトースト

■作りかた

① 卵を割ります。

② フォークで卵をよくほぐします。

③ 砂糖を入れよく混ぜます。

④ 牛乳を入れてさらに混ぜます。

⑤ パンをちぎりバットにのせます。

⑥ ④をかけます。

⑦ 裏返して浸します。

⑧ そのまま5分、置いておきます。

予熱 160℃

⑨ プレートにバターをひきます。

⑩ ⑧のパンをのせます。

⑪ 焼き色がついたら裏返します。

⑫ 両面が焼けたら皿に移します。

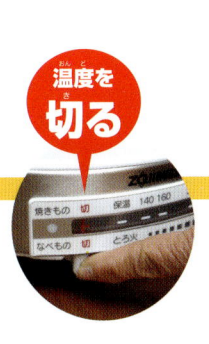

温度を 切る

⑬ P.63で作ったジャムとミントを添え、シナモンをふりかけます。

19 オムライス

28ページで作ったシーフードピラフを使って作ります。ホットプレートはゆっくり熱が伝わるので、余裕をもって調理ができます。

■ 材料

シーフードピラフ（→ P.28）…150g
卵…2個　　　　牛乳…大さじ2
バター…5g
塩…少々
白コショウ…少々

■オムライス

■作りかた

予熱 200℃

① 卵2個を割り、塩少々を入れます。

② 白コショウ少々と牛乳を入れます。

③ フォークでよくかき混ぜます。

④ 調理用ホイルにバターをひきます。

⑤ ③の卵を流し込みます。

⑥ 卵を全体に広げます。

温度を 140℃ に

⑦ 卵の中央にピラフをのせます。

⑧ ホイルの端を持ちピラフを寄せます。

温度を 切る

⑨ ホイルの両端を持って包みます。

⑩ ホイルの包みを調理用ペーパーが敷いてある皿に移します。

⑪ 調理用ペーパーでホイルを包み、ペーパーをギュッと押さえながら形を整えます。

⑫ 調理用ペーパーを取りはずし、ホイルを開いて皿にひっくり返します。

⑬ ホイルを取ればできあがり！

67

20 みそバター風味鮭のちゃんちゃん焼き

ホイルを開けると、みその香りに包まれたコーン、しめじ、たまねぎ、アスパラ、鮭が登場します。北海道の味を楽しんでください。

■材料

- 生鮭…1切れ
- しめじ…20g
- みそ……大さじ1
- コーンの水煮…大さじ2
- バター…5g
- グリーンアスパラガス…2本
- みりん…大さじ1
- たまねぎ（うす切り→P.32）…1/3個
- 蒸すための水…100cc
- 塩…少々

■みそバター風味鮭のちゃんちゃん焼き

■作りかた

① 鮭に塩を少々ふりかけます。

② アスパラガスのかたい所を折ります。

③ アスパラガスの根元をむきます。

④ しめじの根元を切り落とします。

⑤ ホイルを30cmに切り広げます。

⑥ ホイルの上にたまねぎを敷きます。

⑦ たまねぎの上に鮭を置きます。

⑧ 鮭の上や横に野菜をのせます。

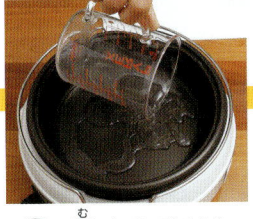

⑨ 蒸すので100ccの水を入れます。

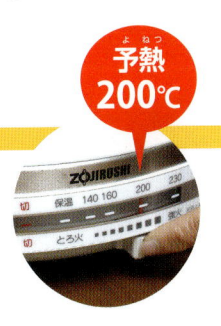

予熱 200℃

⑩ みそにみりんを入れ混ぜます。

⑪ ⑩で作ったタレをかけます。

⑫ バターをのせ、アルミホイルの手前と奥を重ねあわせ折ります。

⑬ 両端を折り曲げます。

⑭ ふたをして8分焼きます。

8分

温度を切る

⑮ フライ返しで皿に移します。

⑯ 食べる直前にホイルを開きます。

69

21 ブリの照焼き

フライパン調理用のアルミホイルを使えば魚料理も簡単です。焼く前に、塩をふって身をしめて生ぐささを取るのが秘訣。大根おろしと大葉を添えていただきま〜す！

■ 材料

ブリの切り身…1切れ
大根おろし……大さじ2
大葉………1枚
みりん……小さじ1
しょう油…小さじ1
酒……小さじ1
砂糖…小さじ1/2
塩……少々

■ ブリの照焼き

■作りかた

予熱 200℃

1. 塩をブリの切り身の表と裏に少々ふります。

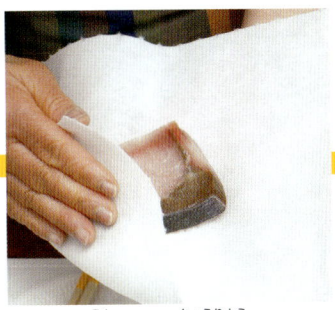

2. 5分おいて調理用ペーパーで水分をふき取ります。

3. バットなどの深さのある器の中でしょう油、みりん、酒、砂糖を混ぜ、タレを作ります。

4. ブリの切り身の裏表にタレを漬けます。

片面5分ずつ焼く

5. 調理用ホイルを敷きブリの両面を焼きます。

6. 両面が焼けたら器に残ったタレをかけます。

7. 両面にきれいに焼き色がついたらできあがり！

71

22 ミネストローネスープ

キャベツやにんじんたっぷりの具だくさんスープです。トーストと一緒に朝食に、パスタと一緒に昼食に、洋風料理と一緒に夕食に、甘酸っぱいトマトの風味を楽しんでください。

■ 材料

トマトジュース…150cc
キャベツ…40g
洋風スープの素…小さじ 1/2
ウィンナソーセージ…2 本
ミックスベジタブル…50g
水…大さじ 3
ピザソース…大さじ 2
粉チーズ…大さじ 1

■ミネストローネスープ

■作りかた

① キャベツを手で細かくちぎります。

② ソーセージを調理バサミで5mmに切ります。

③ ピザソース、洋風スープの素を入れます。

④ ミックスベジタブルを入れます。

⑤ ヘラでよく混ぜます。

⑥ トマトジュースを入れます。

⑦ 水大さじ3を入れ混ぜます。

ラップをしてレンジで6分

⑧ 奥からラップをはずし、よくかき混ぜます。

ラップをしてレンジで6分

⑨ 器に盛り、粉チーズをかけてできあがり！

73

23 シーフードチャウダー

30ページで下ごしらえしたじゃがいもで簡単に作れるスープです。牛乳がシーフードとじゃがいもを包みこみ、体を芯からあたためます。

一口メモ
ここで使う下ごしらえしたじゃがいもは、フォークでつぶしたものです。

■ 材料

- 下ごしらえしたじゃがいも（→P.30）…1個分
- 牛乳…100cc
- シーフードミックス…50g
- 洋風スープの素…小さじ1/2
- クリームコーン（缶詰）…50g
- 塩…少々
- 白コショウ…少々
- 乾燥パセリ…少々

■シーフードチャウダー

■作りかた

① じゃがいもにクリームコーンを入れます。

② 牛乳を入れます。

③ 洋風スープの素を入れます。

④ シーフードミックスを入れます。

⑤ 塩、白コショウを少々入れます。

ラップをしてレンジで6分

⑥ 奥からラップをはずし、よく混ぜます。

ラップをしてレンジで2分

⑦ もう一度混ぜ、器に盛ります。パセリをかけてできあがり！

24 スパゲティナポリタン

長い間親しまれている人気メニューです。何度もよく混ぜ合わせるのがおいしさのコツ。お好みでパセリや粉チーズをかけてめしあがってください。

■材料

冷凍スパゲティ…1人分	ケチャップ…大さじ2
ウィンナソーセージ…3本	ピザソース…大さじ1
たまねぎ（うす切り）…40g*	粉チーズ……大さじ1
ピーマン（うす切り）…1/3個	塩…小さじ1/4×2
マッシュルーム（水煮）…25g	白コショウ…少々

*P.32 参照

■ スパゲティナポリタン

■下準備

・冷凍スパゲティの解凍

熱いので注意!!

レンジで3分30秒

① フォークなどでフィルムの上から数カ所穴を開けます。

② フィルムを切りスパゲティを取り出します。

一口メモ

冷凍スパゲティが手に入らないときは、レンジでスパゲティがゆでられる調理器を使ってスパゲティを用意してください。

▲レンジでパスタ
エビス株式会社
0120-37-0791

※ 熱湯を捨てるときにやけどをしないように気をつけてください！

■作りかた

① たまねぎ、ピーマン、マッシュルームを入れます。

② ソーセージをハサミで切りながら入れます。

③ ケチャップ、ピザソースを入れます。

④ 塩小さじ1/4を入れ、よく混ぜます。

ラップをしてレンジで2分

⑤ スパゲティを入れ、混ぜます。

⑥ 塩小さじ1/4を入れ、混ぜます。

⑦ 白コショウを入れ、混ぜます。

ラップをしてレンジで2分

⑧ レンジから取り出し、もう一度よく混ぜます。

⑨ 皿に盛り、粉チーズをかけてできあがり！

77

25 エビとキノコの白いスパゲティ

新鮮な赤いエビと緑のバジルが白いソースに映える、本格的スパゲティです。生クリームやプリプリしたエビがおいしさを引き立てます。

■材料

冷凍スパゲティ…1人分
生食用エビ…7尾
白しめじ…30g
舞茸……30g
バジル…5枚
生クリーム…大さじ3
粉チーズ……大さじ1
塩…小さじ1/4×2
白コショウ…少々

■エビとキノコの白いスパゲティ

■下準備

・冷凍スパゲティの解凍

熱いので注意!!

レンジで3分30秒

① フォークなどでフィルムの上から数カ所穴を開けます。

② フィルムを切りスパゲティを取り出します。

■作りかた

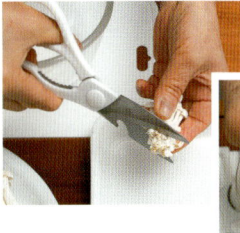

① 白しめじの根元を切り落とし、白しめじ、舞茸をちぎります。

② 生クリーム大さじ3を入れます。

③ 粉チーズ大さじ1を入れます。

④ 塩小さじ1/4を入れます。

⑤ 白コショウを少々入れます。

⑥ よくかき混ぜます。

ラップをしてレンジで2分

⑦ エビとスパゲティを加え混ぜます。

⑧ 塩小さじ1/4を入れます。

⑨ コショウを少々ふりかけ混ぜます。

ラップをしてレンジで2分

⑩ バジルをちぎってのせてできあがり!

79

26 塩焼きそば

野菜たっぷりのヘルシー焼きそばです。何度もよくかき混ぜて、味を全体に広げるのがおいしく作るコツです。

■材料

- 小ねぎ
- もやし
- 白コショウ
- チンゲンサイ
- シーフードミックス
- キャベツ
- 塩
- オイスターソース

蒸しめん…1袋	小ねぎ…2本
キャベツ…40g	オイスターソース…小さじ2
チンゲンサイ…30g	塩…小さじ1/4
もやし…40g	白コショウ…少々
シーフードミックス…50g	

一口メモ

ここではかき混ぜるのに「菜箸」を使っていますが、握力が弱い人は「トング」を使うと楽に混ぜられます。

■塩焼きそば

■作りかた

1. キャベツを細かく切ります。
2. もやしを入れます。 
3. チンゲンサイをちぎります。 
4. 小ねぎを2cmに切ります。 
5. シーフードミックスを入れます。 
6. 塩小さじ1/4、白コショウ少々を入れよく混ぜます。 

ラップをしてレンジで4分

7. もう一度よく混ぜます。 
8. めんをほぐし入れオイスターソースをかけます。

9. よく混ぜます。

ラップをしてレンジで2分

10. もう一度混ぜてできあがり！

81

27 パンケーキ

ホットケーキミックスを使ってパンケーキを作りましょう。大好きなフルーツをのせ、メープルシロップをかければできあがり!! お気に入りのアイスクリームをのせてもOK！

■材料

- ホットケーキミックス…70g
- 牛乳…70cc
- バナナ…1/4本
- イチゴ、ブルーベリーなど
- メープルシロップ
- サラダ油…大さじ1
- サラダ油…小さじ2（ホットプレート用）

■パンケーキ

■作りかた

1. バナナをスケッパーで切っておきます。

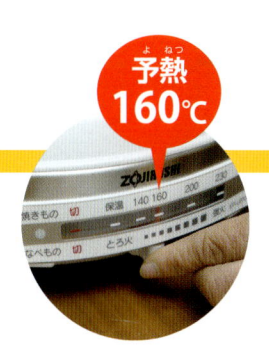

予熱 160℃

2. ホットケーキミックスに牛乳を入れます。

3. ダマができないようによく混ぜます。

4. サラダ油大さじ1を入れ、混ぜます。

5. ホットプレート用のサラダ油をひきます。

6. ④のパンケーキの素1/2を流し込みます。

7. 表面にブツブツ穴があいてきたら裏返します。

2分焼く

8. 2分焼きます。

9. 皿に移し⑥⑦⑧を繰り返してもう1枚焼きます。

温度を切る

10. 好きなフルーツをのせ、メープルシロップをかけてできあがり！

83

28 お好み焼き

お好み焼きは、あまりかき混ぜないのがおいしく作るコツ。大きいものを1回で作るのがムリだと思ったら、小さいものを何枚も作るようにしてもOK。

一口メモ
冷凍のとろろは水道水につけておけば10分程度で解凍します。完全に解凍していないところがあっても気にしないでそのまま使ってください。

■材料

- 豚うす切り肉…50g
- キャベツ…50g
- 小ねぎ……2本
- 薄力小麦粉…大さじ4
- シーフードミックス…50g
- ダシ汁または水…大さじ3
- 揚げ玉……10g
- 卵…1個
- サラダ油…小さじ2
- とろろ（冷凍）…45g
- 紅しょうが…10g

※この他、青のり、ソース、かつお節、マヨネーズが必要
※ダシ汁の作りかたはP.86「みそ汁」の①〜④を参照

■お好み焼き

■作りかた

① ハサミでキャベツを細く切ります。

② ハサミで小ねぎを細かく切ります。

③ 小麦粉を入れヘラでかき混ぜます。

④ 揚げ玉、紅しょうがを入れます。

⑤ シーフードミックスを入れ混ぜます。

⑥ 卵を割って入れます。

⑦ 解凍したとろろを入れます。

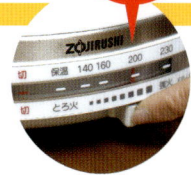

予熱 200℃

⑧ ダシ汁または水を入れかき混ぜます。

⑨ プレートにサラダ油をひきます。

⑩ 豚肉を入れ両面を焼きます。

⑪ ⑧で作った材料を入れます。

⑫ ヘラで形を丸く整え、ふたをします。

6分焼く

⑬ 6分たったらふたを取ります。

⑭ お好み焼きを奥へずらし、裏返します。

2分焼く

温度を切る

⑮ 焼きあがったら皿へ移します。

⑯ ソースをかけてのばします。

⑰ マヨネーズ、青のり、かつお節をかけて完成！

85

29 みそ汁

レンジでダシ汁を作ればみそ汁が簡単にできます。みそはいろいろな味のものがあります。いろいろ試して自分の好きな味を見つけてください。

■材料

[ダシ汁]
水…150cc
かつお節…3g
昆布…2g

乾燥ワカメ…1g
麩…5個
切った小ねぎ…1/2本
みそ…10g
かいわれ大根…少々

■みそ汁

■作りかた

① 水に昆布を入れます。

② かつお節を入れます。

③ 一部を開けてラップをかけます。

ラップをしてレンジで2分

④ 取り出すときは熱いので注意！　**熱いので注意!!**

⑤ おわんにみそ、ワカメ、麩を入れます。

⑥ 半分の量のダシ汁をこして入れます。

⑦ かき混ぜます。

⑧ 残りのダシ汁を全部こして入れます。

⑨ 小ねぎを入れます。

⑩ かいわれ大根を入れてできあがり！

30 ほうれん草のごまあえ

下ごしらえをしたほうれん草を使えばごまあえがすぐにできます。

■ 材料

下ごしらえした
　　ほうれん草（→ P.31）…70g
黒すりごま…小さじ2
ごま油…小さじ1/4
砂糖…小さじ1/2　　しょう油…小さじ1/2

■ 作りかた

1. 黒すりごまに砂糖を入れます。
2. しょう油を入れます。 
3. ごま油を入れてよく混ぜます。 
4. ほうれん草を入れ、もう一度混ぜればできあがり！

31 ほうれん草のおひたし

■ほうれん草のごまあえ / ほうれん草のおひたし

ごまあえと並んでいつでも手軽にメニューに添えられる一品です。

■材料

下ごしらえした
　ほうれん草（→ P.31）…70g
かつお節…大さじ1
しょう油…小さじ1/2
ダシ汁（→ P.86）…小さじ2

■作りかた

1. ダシ汁としょう油を混ぜます。
2. ほうれん草に回しかけます。 
3. かつお節をかけてできあがり！ 

一口メモ

ダシ汁の作りかたは P.86「みそ汁」の①〜④を参照してください。

32 浅漬け / シンプルピクルス / プチトマトのマリネ

塩昆布のうま味が出る浅漬け、カレー粉が隠し味のシンプルピクルス、色みが鮮やかなプチトマトのマリネ。どれも簡単にできる漬物です。

■浅漬け / シンプルピクルス / プチトマトのマリネ

浅漬け

■材料

- キャベツ…80g
- 大根…30g*
- にんじん…15g*
- 塩昆布……5g
- 塩…小さじ 1/4

*うす切りしたもの

① ジッパー付きポリ袋を開きます。

② キャベツを手でちぎって入れます。

③ にんじんを入れます。

④ 大根を入れます。

⑤ 塩を入れます。

⑥ 塩昆布を入れます。

⑦ ジッパーを押さえしっかり閉じます。

⑧ 袋をふって全体をよく混ぜます。

⑨ ジッパーの口の一部を開きます。

⑩ 袋の中の空気を押し出します。

⑪ 袋の外側から手でギュッともみます。

⑫ 最低30分、漬けておきます。

⑬ 水気をしぼります。

⑭ 器に盛って完成！

シンプルピクルス

■材料

きゅうり…1本
セロリ…1/2本
赤かぶ…5個
塩…小さじ1
砂糖…大さじ1
カレー粉…小さじ1/4
酢…大さじ2

① セロリを3つに折って入れます。

② きゅうりのヘタを切り落とします。

③ きゅうりも3つに折って入れます。

④ 赤かぶの葉を切り袋に入れます。

⑤ めん棒でたたいて野菜を割ります。

⑥ 塩、砂糖、カレー粉を入れます。

⑦ 酢を入れ2時間以上おいて完成！

プチトマトのマリネ

■材料

プチトマト…8個
枝豆（→P.33）…20g
ポン酢しょう油…大さじ3
オリーブ油…大さじ1

① ヘタを取り爪楊枝で穴を開けます。

② 下ごしらえした枝豆を入れます。

③ オリーブ油とポン酢を混ぜます。

④ トマトと枝豆にかけて完成！

■シンプルピクルス｜プチトマトのマリネ / ねぎダレ豆奴

33 ねぎダレ豆奴(まめやっこ)

やわらかい豆腐とつぶつぶの枝豆に、ごま油とねぎの風味が香る豆腐サラダです。

■材料

豆腐…70g
枝豆…20g*
小ねぎ…1本
塩…小さじ 1/4
ごま油…小さじ 1/2
ラー油…少々

*P.33 参照

■作りかた

1. 小ねぎを 1/3 程度に切ります。
2. ①の小ねぎを細かく切ります。 
3. ごま油と塩を入れます。 
4. ラー油をかけてねぎダレの完成です。 
5. 豆腐を手で大きくちぎります。 
6. 枝豆を入れ④のねぎダレをかけて完成！

34 ひじきの磯あえ

食物繊維がたくさん含まれている海藻"ひじき"を和風サラダにアレンジしました。手軽な一品として重宝します。

■ 材料

ひじき…3g ※
ハム……1枚
にんじん…15g
かいわれ大根…少々

ポン酢しょう油…大さじ2
ごま油…小さじ1/2

※ひじきは調理を始める前に大さじ3の水に30分ほど浸してもどします。

■ひじきの磯あえ

■作りかた

① にんじんを千切りにします。

② 調理バサミでハムを細く切って入れます。

③ ポン酢しょう油とごま油を混ぜます。

④ 水でもどしたひじきをレンジに入れます。

レンジで1分

⑤ 冷めたらペーパーをのせたザルにあけます。

⑥ 水分をしぼります。

⑦ 器にひじきを入れます。

⑧ ひじきの上に②のハムとにんじんをのせます。

⑨ ③で作ったタレをかけます。

⑩ かいわれ大根を切ってのせ、できあがり！

95

35 にんじんサラダ / パーティーサラダ

ビタミンたっぷりのにんじんがハチミツでマイルドな味に大変身！ビーンズと混ぜたり、他の野菜と組み合わせたりすれば、パーティーサラダのできあがり！

■材料（にんじんサラダ1人分）

- サラダ用ミックスビーンズ
- フレンチドレッシング
- 塩
- にんじん
- ハチミツ

にんじん…50g（約1/2本）
サラダ用ミックスビーンズ…25g
塩…小さじ1/4
フレンチドレッシング…小さじ2
ハチミツ…小さじ1

■にんじんサラダ / パーティーサラダ

にんじんサラダ

■作りかた

① にんじん 50g を千切りします。

② 塩小さじ 1/4 を入れ、よく混ぜます。

③ ドレッシングにハチミツを入れます。

④ よく混ぜます。

⑤ にんじんをペーパーで包みます。

⑥ ギュッとしぼり水気を取ります。

⑦ ④で作ったドレッシングに入れます。

⑧ ミックスビーンズを入れます。

⑨ よく混ぜて完成！

パーティーサラダ

■材料（2～3人分）

フレンチドレッシング
セロリ
レタス
赤たまねぎ
プチトマト
サラダ菜
にんじんサラダ

にんじんサラダ	1人分
レタス	2枚
サラダ菜	2枚
赤たまねぎ	1/3個 *
セロリ	1/3本
プチトマト	3～5個
フレンチドレッシング	大さじ2

*P.32 参照

■作りかた

① 下に敷く野菜から盛りつけます。

② にんじんサラダを盛りつけます。

③ プチトマトをのせれば完成！

36 ポテトサラダ

サラダの定番メニュー。ツナやゆで卵などを加えるとよりおいしくなります。

■材料

- 下ごしらえしたじゃがいも…1個分 *
- フレンチドレッシング…大さじ1
- きゅうり…1/3本
- マヨネーズ…大さじ1
- ハム…1枚
- 粒マスタード…小さじ1
- 塩…少々

*P.30 参照

■作りかた

1. スライサーできゅうりを切ります。
2. 塩を少々ふり、混ぜます。 
3. ハムを1cmに切ります。 
4. マヨネーズ、ドレッシング、粒マスタードを入れます。 
5. よく混ぜます。 
6. じゃがいもを入れます。 
7. きゅうりを軽くしぼって入れます。 
8. ハムを入れ、混ぜれば完成!

■ポテトサラダ／ポテトサラダタラモ風

37 ポテトサラダタラモ風

ギリシャ生まれのこのサラダも、今ではすっかり日本の味になりました。

■材料

下ごしらえしたじゃがいも
マヨネーズ
小ねぎ
オリーブ油
明太子

下ごしらえしたじゃがいも…1個分 *
明太子…30g
小ねぎ…1/3本
マヨネーズ…大さじ1
オリーブ油…小さじ1

*P.30 参照

■作りかた

1. ヘラで明太子の中身を出します。
2. 明太子をマヨネーズに入れます。 
3. よく混ぜます。 
4. オリーブ油を入れます。 
5. よく混ぜます。 
6. じゃがいもを器に盛り⑤と軽く混ぜます。 
7. 小ねぎを細かく切ってのせれば完成！

38 カボチャのカレー風味サラダ

カレー風味のヨーグルトソースが、カボチャの味を引き立てます。

■材料

- 塩
- クルミ
- カレー粉
- 下ごしらえしたカボチャ
- フレンチドレッシング
- ヨーグルト

下ごしらえしたカボチャ（→ P.32）…100g
クルミ…大さじ 1
ヨーグルト…大さじ 2
フレンチドレッシング…大さじ 1
カレー粉…小さじ 1/2 ～ 1　塩…少々

■作りかた

① ドレッシング、ヨーグルト、カレー粉を混ぜます。

② 塩を少しふりよく混ぜます。

③ カボチャを大きく切ります。

④ 次に食べやすい大きさに切ります。

⑤ 器に盛りつけます。

⑥ ②をカボチャにかけます。

⑦ 手で割ったクルミをのせて完成！

■カボチャのカレー風味サラダ / ササミのごまサラダ

39 ササミのごまサラダ

どんな野菜にも合うササミ。さっぱりとした味を楽しんでください。

■ 材料

鶏ササミ…1本
レタス…1枚
白すりごま…大さじ1
ポン酢しょう油…大さじ1
ごま油…小さじ1/2
塩…少々
酒…小さじ1/2

■ 作りかた

1. ササミに塩を少々ふりかけます。
2. ササミに酒を小さじ1/2をかけます。 

ラップをしてレンジで1分

3. ササミを冷まし、細く割きます。
4. ポン酢しょう油とごま油を混ぜます。 
5. レタスをちぎってササミをのせます。 
6. ④で作ったタレをかけます。 
7. すりごまをかけて完成！

40 イチゴのヨーグルトゼリー

一口メモ
ゼリーの型はここで使った市販のもの以外に、自宅にある小さなカップや容器も使えます。

イチゴとヨーグルトの味が引き立つおいしいデザートのできあがり！ 冷蔵庫に冷やしておけば、いつでも冷たいデザートがめしあがれます。

■ 材料（4人分）

イチゴ…100g
生クリーム…100cc
ヨーグルト…200g
粉ゼラチン…5g入り1袋
砂糖…大さじ4
水…大さじ1

■イチゴのヨーグルトゼリー

■作りかた

① 水の中に粉ゼラチンを入れます。

② 砂糖を入れます。

③ よく混ぜて5分おきます。

5分待つ

④ ③で溶いたゼラチンを加熱します。

レンジで1分

⑤ イチゴのヘタを取ります。

⑥ フォークで細かくつぶします。

⑦ ヨーグルトを入れます。

⑧ 生クリームを入れます。

⑨ ④で作ったゼラチン液を入れます。

⑩ よく混ぜます。

⑪ ⑩を型の中に入れます。

⑫ 冷蔵庫に入れ冷やし固めます。

1時間以上待つ

⑬ 裏返して皿にのせ、底を押します。

⑭ 型を取ってできあがり！

一口メモ

⑬で型を取るのがむずかしいときは40℃くらいのぬるま湯につけると簡単に取れます。

ぬるま湯

41 オーロラゼリー

カラフルな野菜ジュースで作るヘルシーなデザートです。お好きなジュースで!

■材料(2～3人分)

赤の野菜ジュース……100cc
紫の野菜ジュース……100cc
黄色の野菜ジュース…100cc
粉ゼラチン…5g入り1袋
砂糖…大さじ3　　水…大さじ4

■作りかた

1. 3つのジュースを3つの器に入れます。
2. 水の中に粉ゼラチンを入れます。(5分待つ) 
3. 砂糖を入れてよく混ぜます。 
4. ③で作ったゼラチン液を加熱します。(レンジで1分)
5. ④のゼラチン液を3つに分けて入れ、
6. ジュースとよくかき混ぜます。 
7. 冷蔵庫に入れ、冷やし固めます。(1時間以上待つ)
8. カップに順々に重ねて入れて完成!

■オーロラゼリー / シュワシュワカクテル

42 シュワシュワカクテル

サイダーを使った、フルーツとマシュマロが入ったカクテルです。

■材料（2〜3人分）

フルーツミックス…150g
サイダー…150cc
マシュマロ…9個
アイスクリーム…1個

■作りかた

① フルーツをシロップごと器にあけます。

② マシュマロをのせます。

③ サイダーを入れます。

④ 小分けの器に盛り、アイスクリームを添え完成！

105

43 パーティー

5. おぼろ寿司

鶏そぼろやいり卵以外に、刺し身をのせればちらし寿司も作れます。のりで巻けば手巻き寿司に。

35. パーティーサラダ

いろいろな野菜をたっぷりのせたサラダです。ハムやチーズ、鶏のササミをのせてもOK!

42. シュワシュワカクテル

「シュワシュワッ!」というはじけるサイダーの音はお客さまへのおもてなし。サイダーは食べる直前に入れます。

■パーティー

ひとりでできたら友達や家族を呼んでパーティーしよう！

　少しでも料理の腕に自信がついたら、気の合う友達や家族を招いてパーティを開きましょう。全部のメニューを自分ひとりで作るのが大変だと思ったら、友達と持ち寄ったり、一緒に作ったりするのもパーティーの楽しいところ。たとえ失敗しても、それも楽しい思い出になります。

　テーブルにはお気に入りの食器やスプーン、フォーク、お箸、ナプキンなどのほかに、季節の花を添えたりしておもてなしの気持ちを表しましょう。

　さぁ、楽しいパーティーを!!

41. オーロラゼリー
ジュースを変えていろいろな色のゼリーを楽しみましょう。ゼリーは溶けやすいので直前まで冷蔵しておきます。

16. スペアリブ
スペアリブは前日に加熱してタレに漬け込んでおきます。みんなの前で仕上げればいい香りが食欲を誘います。

※ここで紹介したメニューは一例です。カレーパーティーやお好み焼きパーティーなど参加メンバーの好みや人数などに応じてメニューを決めましょう。

107

電子レンジの設定時間早見表

本書では500Wの電子レンジでの調理時間を紹介しています。400Wや600Wの場合は、早見表の時間を目安に調理します。

400W	500W	600W
40秒	30秒	25秒
1分15秒	1分	50秒
1分50秒	1分30秒	1分15秒
2分30秒	2分	1分40秒
3分45秒	3分	2分30秒
4分20秒	3分30秒	2分55秒
5分	4分	3分20秒
6分15秒	5分	4分10秒

■表の見方

たとえば本書の表示が「30秒」の場合、600Wの電子レンジでは「25秒」、400Wの電子レンジでは「40秒」に設定します。なお、700W以上の高出力は加熱の際に加熱ムラが生じやすくなります。できるだけ500Wに近い出力をお使いください。

3. 知っておくと役に立つこと

料理は「作って食べれば終わり」ではありません。食材の保存方法や栄養の知識はあなたの食生活をより充実させてくれることでしょう。

食材の保存の話

食材は新鮮なうちに使い切りましょう。残った場合は食材の状態に合った方法で冷蔵、または冷凍して保存します。

ごはん（冷凍）

残りごはんは冷ましてから冷凍します。食べるときは、凍ったままレンジで2分30秒加熱。ホカホカの炊きたてごはんになります。

1. 茶わんの上にラップを敷きます。
2. 茶わんに1杯分のご飯をよそいます。 
3. ラップで包みます。 
4. 平らになるように押さえます。 
5. 保存袋に入れ空気を抜きます。 
6. 冷凍庫に入れて保存します。 

パン（冷凍）

パンは新しいうちに冷凍します。解凍は室温に戻せば元通りの風味に。凍ったままトーストしてもおいしく食べられます。

1. パンを保存袋に入れます。
2. 空気を抜いてジッパーを閉めます。 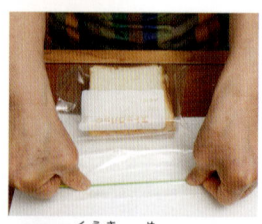
3. 冷凍庫に入れて保存します。

■食材の保存の話 / ごはん・パン・ひき肉・ひき肉以外の肉類

ひき肉（冷凍）

ひき肉類は特に傷みやすいので、できるだけ買った日に使い切ってください。残った場合は、冷凍保存します。

① トレーのラップを取ります。

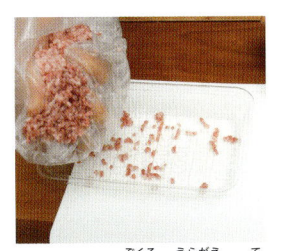

② ポリ袋を裏返し手袋のように使い、

③ ひき肉をすくって保存袋に移します。

④ 平らになるように形を整えます。

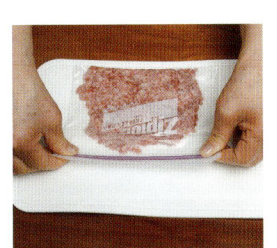

⑤ 空気を抜いてジッパーを閉めます。

⑥ 冷凍庫に入れます。

ひき肉以外の肉類（冷蔵）

できるだけ空気が入らないようにしっかり包み、冷蔵庫（チルド室）で保存します。2日以内に使い切りましょう。

① ラップをかぶせます。

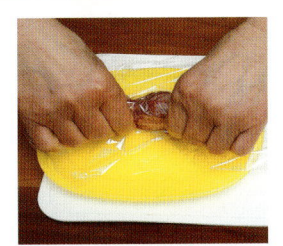

② 空気が入らないように密着させます。

③ 両端も空気が入らないようにします。

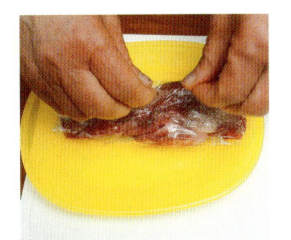

④ 片方ずつしっかりと重ね合わせます。

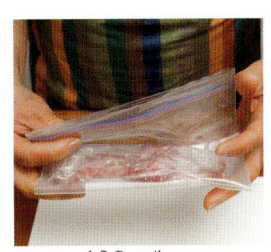

⑤ 空気を抜いてジッパーを閉めます。

⑥ 冷蔵庫（チルド室）に入れ保存します。

111

魚（冷蔵）

魚は傷みやすいので、早く使い切るようにしましょう。保存するときは、においが他の食品に移らないようにします。

❶ ラップをかぶせます。

❷ トレーごと保存袋に入れます。

❸ 冷蔵庫（チルド室）に入れます。

カボチャ（冷蔵・冷凍）

種を取っただけの生の状態と、電子レンジで加熱し下ごしらえしたものとでは保存方法が異なります。生の場合は早く使い切るようにしてください。

■生の場合（冷蔵）

❶ ラップで包みます。

❷ 保存用ポリ袋に入れます。

❸ 冷蔵庫（野菜室）に入れて保存します。

■加熱済みの場合（冷凍）

❶ 加熱したものを切ります。

❷ そのまま保存袋に入れます。

❸ 空気を抜いてジッパーを閉めます。

❹ 冷凍庫に入れて保存します。

■冷蔵保存に向かない野菜について

野菜の中には冷蔵庫での保存に向かないものがあります。たまねぎは低温に弱いので、冷蔵庫には入れずに紙袋などに入れ、涼しく暗いところに置いてください。ただし、あまり長く置いておくとたまねぎは表面が乾燥し茎が伸びてきます。イモ類も芽が出てきます。味も落ちてくるので、早く使い切るようにしましょう。

■食材の保存の話 / 魚・カボチャ・小ねぎ・青菜類

小ねぎ（冷蔵）

常備しておくと便利なのがねぎです。においが強いので、ほかの食材ににおいが移らないように保存しましょう。

1. 袋に入れやすい長さに切ります。
2. 青い部分も同じ長さに切ります。
3. 束ねて保存袋に入れます。
4. 空気を抜いてジッパーを閉めます。
5. 冷蔵庫（野菜室）に入れ保存します。 
6. 使うときは袋のまま使う分だけ切ります。

青菜類（冷凍・冷蔵）

冷蔵庫で生の状態で保存する方法と、電子レンジで下ごしらえをしたあと、小分けにして冷凍保存しておく方法があります。

■加熱済みの場合（冷凍）

1. 加熱済みのものを小分けにします。
2. ラップで包み保存袋に入れます。
3. 冷凍庫に入れて保存します。

■生の場合（冷蔵）

1. 洗って水気を取り、ポリ袋に入れます。
2. 袋の空気を抜きます。
3. 袋の口をしっかり閉じます。
4. 冷蔵庫（野菜室）に入れ保存します。

113

体を元気にする栄養の話

逹直美

食べるということは生きるということ！ 食事の栄養バランスを考えて、1日3食、楽しい食事をすることが大切です。

1. 1日の食事のリズムは朝食から…

1日の食事を規則正しくとり、生活のリズムを作っていくことが健康的な生活習慣の第一歩です。朝食は寝ているときに低下した体温を上昇させ、1日の活動のエネルギーを整えます。朝食を抜くと1日のエネルギーバランスがくずれるだけでなく、体調をくずす原因にもなります。

2. バランスのとれた食事を…

主食は、食事の中心となるごはん、パン、めん類などの炭水化物で、エネルギー源となります。主菜は魚・肉・卵などで、良質なたんぱく質や脂質が身体をつくります。副菜は、野菜や海藻類など栄養面を補うもので、ビタミン、ミネラル、食物繊維などが含まれます。

3. 栄養はいろいろな食材の組み合わせから…

ご飯などの穀類をしっかりとり、穀類に含まれる炭水化物からエネルギーをもらいましょう。野菜・果物からビタミン、ミネラル、食物繊維を、牛乳・乳製品、豆類、魚からカルシウムをたっぷりもらいましょう。ただし、食塩は1日に男性は9g未満、女性は7.5g未満におさえます。食塩と脂肪（脂質）のとり過ぎには気をつけてください。

4. 自分の食生活を見直してみましょう…

健康的な身体作りは自分の体重を量り、日々の食事を見直すことから始まります。偏った食事にならないように気をつけましょう。しっかり噛んでゆっくり食べるよう心がけましょう。自分の健康目標をつくり、食生活を点検する習慣を持ちましょう。

■体を元気にする栄養の話

栄養素の種類と働き

基本は「3大栄養素」といわれる炭水化物・脂肪・たんぱく質。私たちの身体を支え、生きていくためのエネルギー源になります。この「3大栄養素」にビタミンやカロチン、カルシウムなどのミネラルを加えたものが「5大栄養素」です。ビタミンは身体の調子を整え、ミネラルは身体の生理作用を調整します。

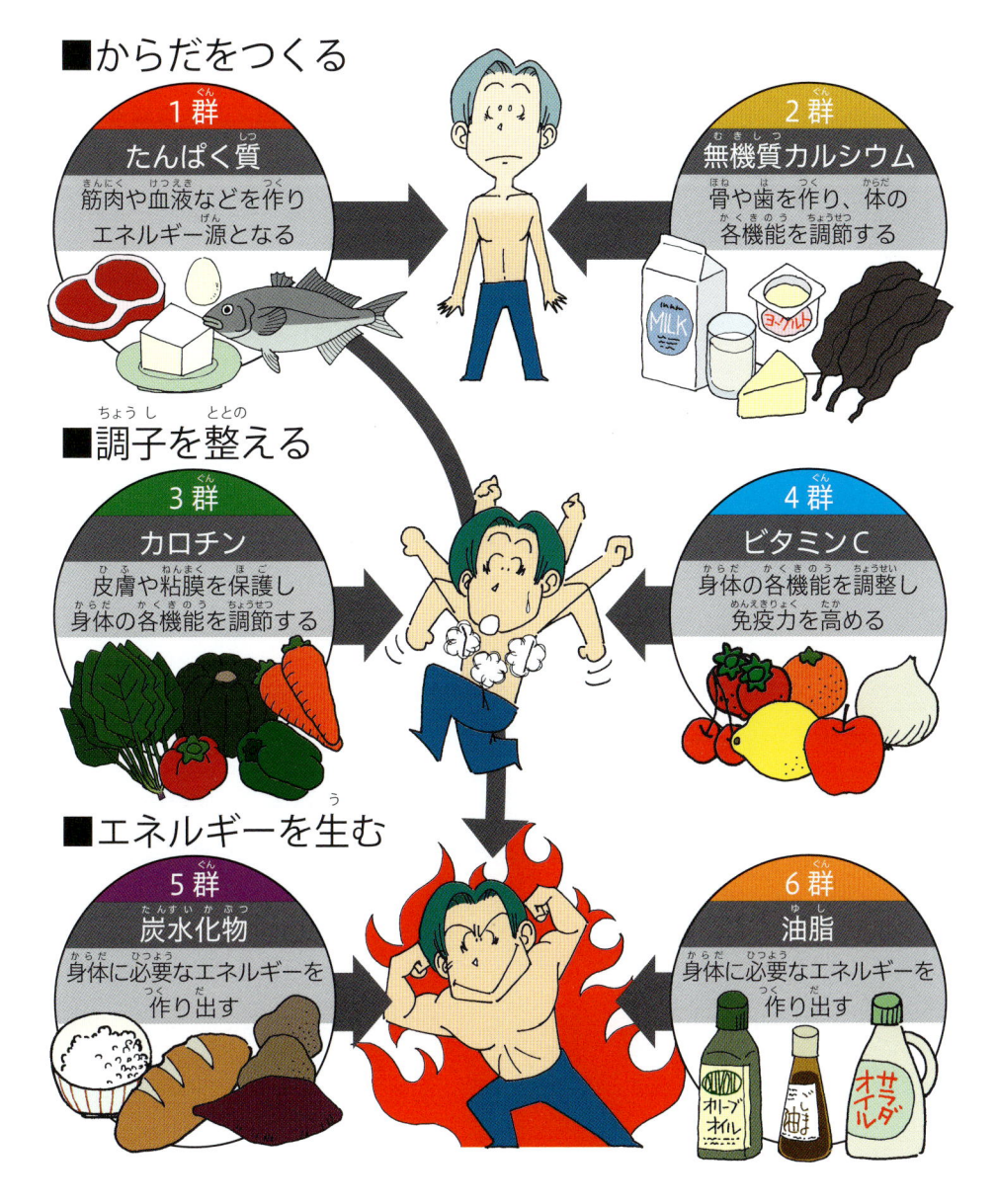

□ 6つの基礎食品群…

毎回の食事でこの中から少なくても1品ずつ食べるように心がければ、栄養バランスのとれた食事ができます。

■ からだをつくる

1群　たんぱく質
筋肉や血液などを作りエネルギー源となる

2群　無機質カルシウム
骨や歯を作り、体の各機能を調節する

■ 調子を整える

3群　カロチン
皮膚や粘膜を保護し身体の各機能を調節する

4群　ビタミンC
身体の各機能を調整し免疫力を高める

■ エネルギーを生む

5群　炭水化物
身体に必要なエネルギーを作り出す

6群　油脂
身体に必要なエネルギーを作り出す

115

おわりに

　私が携わる特別支援教育の現場では、子どもたちの自立と社会参加に向けて、子ども一人ひとりのニーズを把握し、その持てる力を高め、生活や学習上の困難を改善または克服するための適切な指導や必要な支援が求められています。
　そのためには「より豊かに生きる」「生活の質・人生の質を高める」という視点を持つことが大切です。
　将来の生活を見通し、「働く」「暮らす」「楽しむ」という力を培う場の一つとして、調理実習も大切な学習で、家庭生活で使用する包丁やガスレンジなどの道具や器具などの正しい使い方を学び、安全や衛生に気をつけながら学習しています。
　しかし、多くの子どもたちは支援を要するため、一人で調理ができる場面はとても少ないのが現状です。また、学んだ力を卒業後の生活の場で活かし、一人で調理にチャレンジするということもなかなか行われてはいないように感じます。家族やヘルパーさんの支援を受けて調理をするということもいいことですが、「ひとりでできた！」という達成感を得ることによって、より自信と意欲が持てるのではないかと考えます。

　本書では、子どもたちが一人で使うことが難しい「包丁」と安全面の留意が求められる「ガス」を使用しないという発想の転換で、より多くの子どもたちが「ひとりでできた！」という実感が得られるようなレシピを考えました。また、調理の過程

■おわりに

をすべて写真で紹介し、文字からの理解だけではなく視覚からの理解ができるように努めました。

「食べる」ということは生きることに密接な営みです。障害の有無に関係なく、「これならできるかも」「ひとりで作ってみよう」と多くの人に本書を手にとっていただき、「ひとりでできちゃった！ クッキング」にチャレンジしていただければ幸いです。

最後に、本書は子どもたちの自立を助ける料理の本を作りたいという私の構想を聞き「それはいい！」と企画に賛同してくださったジアース教育新社の加藤勝博社長、編集者の視点でサポートしてくださった市川千秋さん、そして、プロとしての視点で関わり完成に導いてくれた料理研究家の竹中迪子先生、写真からレイアウトまで携わってくださったイラストレーターの中里まっちさんの力なくしてはできなかった本です。あらためて感謝いたします。

この本が一人でも多くの人の夢の実現に役立つことを願って。

逵直美

著者プロフィール

竹中迪子 Michiko Takenaka 　　　　　　　　　　　　　　　　　　　　　　　　料理研究家

東京都出身。長年にわたり少人数制の料理教室を主宰するかたわら、食品メーカー等の商品開発にも携わる。特許も数点取得。雑誌やパンフレットなどにレシピを提供。スタイリング及びイラストなども手がけている。

中里まっち Match Nakasato 　　　　　　　　　　　　　　　　　　　　　　　　イラストレーター

東京都出身。世の中のわかりにくいことをわかりやすく表現するイラストレーテッドや似顔絵を得意とする。ジャンルは政治経済から自動車、パソコン、世相、日常生活まで多岐にわたる。著書に「生命保険がわかる本」（実務教育出版）がある。http://www.m-cbox.com/

監修：逵直美 Naomi Tsuji 　　　　　　　　　　　　　国立大学法人三重大学教育学部附属特別支援学校教諭

三重県出身。三重県立度会特別支援学校・城山特別支援学校草の実分校などを経て現職。子どもたちの自己実現と社会参加をテーマに ICF 及び ICF-CY やキャリア教育の推進を全国の先生方とともに研究。栄養士。特殊教育学会、自閉症スペクトラム学会所属。NPO 法人コミュニケーション・スクエア 21 理事。

料理・スタイリング	竹中迪子
本文イラスト・写真・AD	中里まっち
装丁・本文デザイン・DTP	中里まっち / Studio MATCH BOX
印刷・製本	シナノ印刷株式会社

ひとりでできちゃった！ クッキング

2012年10月17日 初版第1刷発行
2025年 4 月 6 日 初版第9刷発行

著者	竹中迪子 / 中里まっち
監修	逵直美
発行者	加藤勝博
発行所	株式会社　ジアース教育新社
	〒 101-0054　東京都千代田区神田錦町 1-23　宗保第 2 ビル
TEL	03-5282-7183（代表）
FAX	03-5282-7892
E-mail	info@kyoikushinsha.co.jp
URL	http://www.kyoikushinsha.co.jp

ISBN978-4-86371-202-7　　©Michiko Takenaka, Match Nakasato 2018 Printed in Japan
定価は裏表紙に記載してあります。
乱丁・落丁本はお取り替えいたします。乱丁・落丁についてのお問い合わせは
TEL: 03-5282-7183　E-mail: info@kyoikushinsha.co.jp までお願いします。
本書は著作権上の保護を受けています。本書の一部または全部について著者、発行者の許諾を得ずに無断で
複写・複製することは禁じられています。